目次

効率よく勉強して
テストでいい点を取ろう

成績アップのための学習メソッド

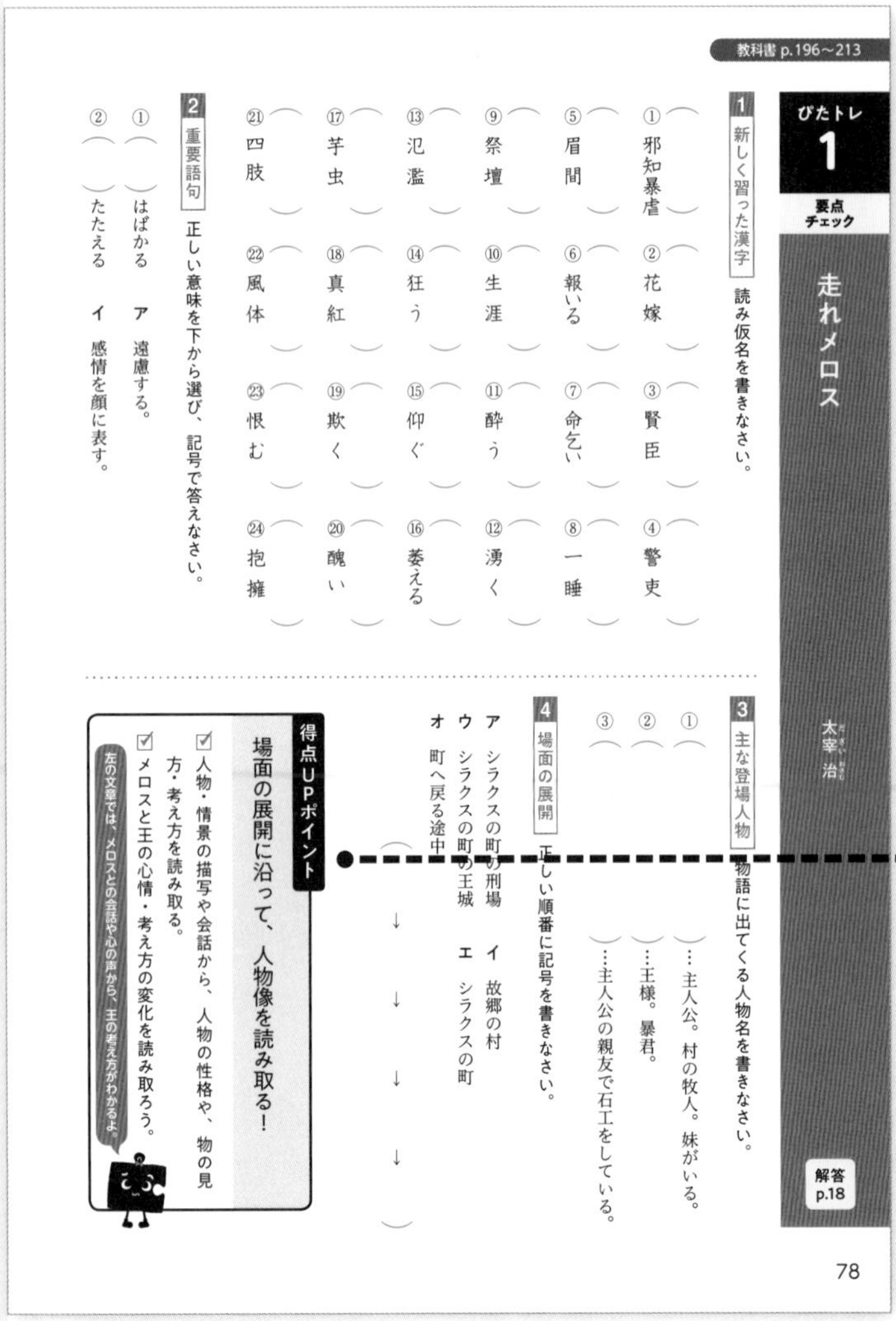

ぴたトレ 1

要点チェック

教科書の教材についての理解を深め、基礎《きそ》学力を定着させます。

言語知識の確認

教科書の新出漢字・重要語句が順番にのっています。

読解教材の基礎知識

登場人物や段落分けなどを問題形式で確認できます。

得点UPポイント

国語の力が付くように、文章読解する際のポイントを示しているよ!

スタートアップ

教材の要点や覚えておくべき文法事項《ぶんぽうじこう》をまとめているよ!

リー子

学習メソッド

STEP1

ノートを整理・確認

定期テストでは授業で取り上げた内容が出やすい。板書を見直して重要なところをおさらいしよう。

←

STEP2

基礎を固める

テスト期間が始まったら、まずはぴたトレ1で教材の要点や文法、新出漢字を復習しよう。問題を解くのに時間はかけず、横にノートを置いてこまめに確認しながら問題を解いていこう。

←

STEP3

新出漢字を集中特訓

教科書で習った順にまとめられた別冊「mini book」を使って、漢字はすべて書けるように練習しよう。

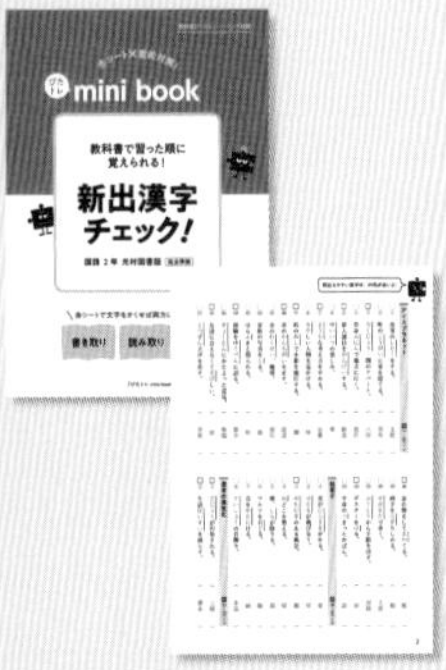

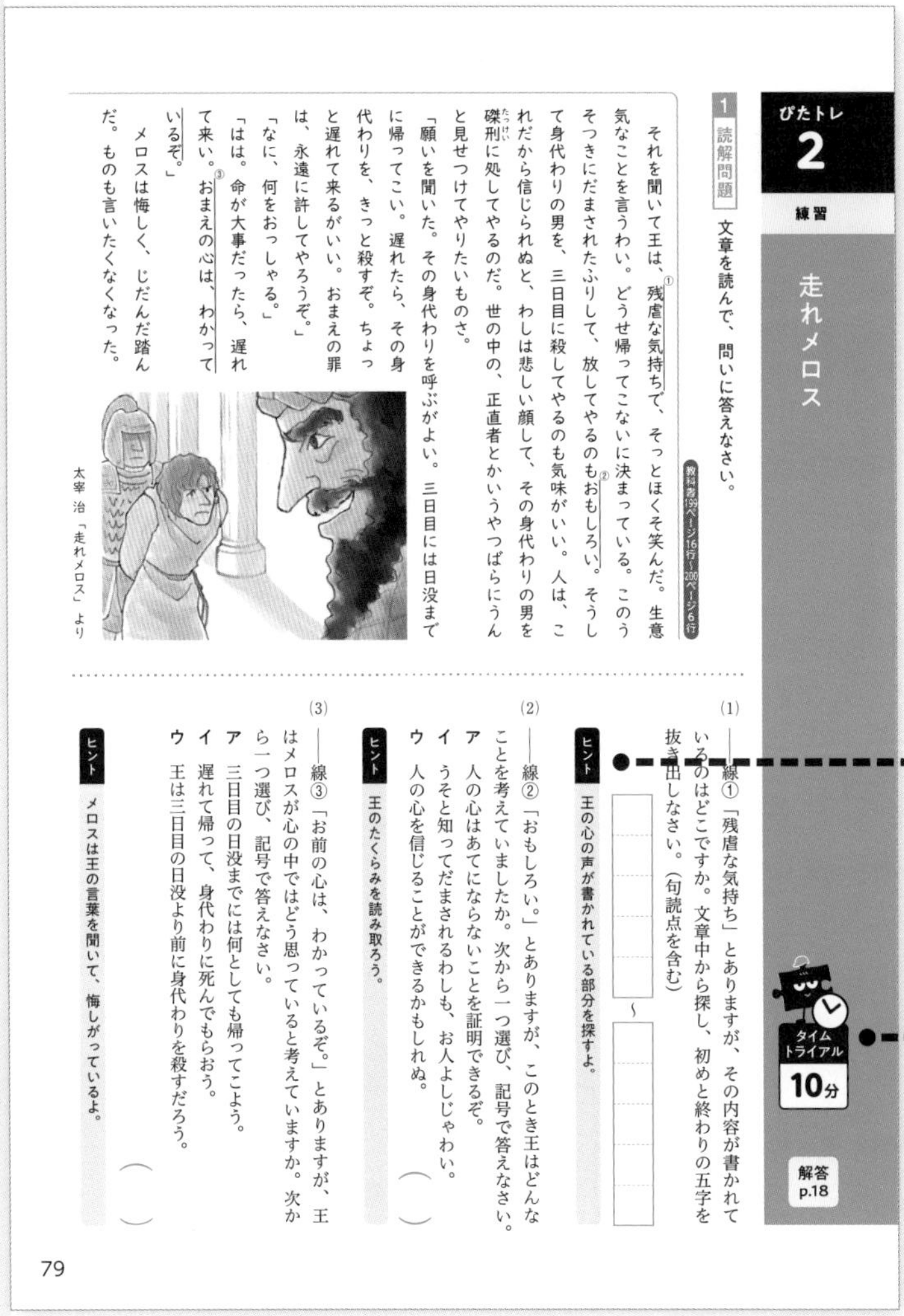

ぴたトレ 2

練習

走れメロス

タイムトライアル 10分

解答 p.18

1 読解問題　文章を読んで、問いに答えなさい。

教科書199ページ16行〜200ページ6行

それを聞いて王は、残虐な気持ちで、そっとほくそ笑んだ。生意気なことを言うわい。どうせ帰ってこないに決まっている。このうそつきにだまされたふりして、放してやるのもおもしろい。そうして身代わりの男を、三日目に殺してやるのも気味がいい。人は、これだから信じられぬと、わしは悲しい顔して、その身代わりの男を磔刑《たっけい》に処してやるのだ。世の中の、正直者とかいうやつばらにうんと見せつけてやりたいものさ。

「願いを聞いた。その身代わりを呼ぶがよい。三日目には日没までに帰ってこい。遅れたら、その身代わりを、きっと殺すぞ。ちょっと遅れて来るがいい。おまえの罪は、永遠に許してやろうぞ。」

「なに、何をおっしゃる。」

「はは。命が大事だったら、遅れて来い。おまえの心は、わかっているぞ。」

メロスは悔しく、じだんだ踏んだ。ものも言いたくなくなった。

太宰 治「走れメロス」より

(1) ——線①「残虐な気持ち」とありますが、その内容が書かれているのはどこですか。文章中から探し、初めと終わりの五字を抜き出しなさい。(句読点を含む)

ヒント　王の心の声が書かれている部分を探すよ。

(2) ——線②「おもしろい。」とありますが、このとき王はどんなことを考えていましたか。次から一つ選び、記号で答えなさい。

ア　人の心はあてにならないことを証明できるぞ。
イ　うそと知ってだまされるわしも、お人よしじゃわい。
ウ　人の心を信じることができるかもしれぬ。

ヒント　王のたくらみを読み取ろう。

(3) ——線③「お前の心は、わかっているぞ。」とありますが、王はメロスが心の中ではどう思っていると考えていますか。次から一つ選び、記号で答えなさい。

ア　三日目の日没までには何としても帰ってこよう。
イ　遅れて帰って、身代わりに死んでもらおう。
ウ　王は三日目の日没より前に身代わりを殺すだろう。

ヒント　メロスは王の言葉を聞いて、悔しがっているよ。

79

ぴたトレ2

練習

短い文章問題や言語問題を解いて、理解力や応用力を高めます。

文章読解の練習

文章読解では500字程度の短い文章をすばやく読む練習をします。

文法問題の練習

文法問題ではテストに出やすい問題を中心にまとめています。

ヒント

問題を解くうえでの注意点やポイントを示しているよ!

タイムトライアル

時間を意識して文章を読もう。目標タイムはクリアできるかな。

学習メソッド

STEP1

教科書の文章を読む

文章を少なくとも2回は音読してどんな内容が書かれているのか、頭のなかでイメージできるようにしておこう。

←

STEP2

時間を計って問題を解く

ぴたトレ2の文章には目標時間が設定されている。時間を意識してすばやく解く練習をしよう。

←

STEP3

もう一度解き直す

解いた後に音読をしてからもう一度解けばより理解が深まる。

定期テストで点を取るためには教科書の文章を何度も「音読すること」が大切だよ。
テストのときに文章を読まなくても解けるくらいに、教材の内容をしっかり頭に入れておこう!

ター坊

教科書 p.196〜213

ぴたトレ 3
確認テスト①
走れメロス

1 思考・判断・表現 文章を読んで、問いに答えなさい。 教科書207ページ15行〜209ページ3行

道行く人を押しのけ、跳ね飛ばし、メロスは黒い風のように走った。野原で酒宴の、その宴席の真っただ中を駆け抜け、酒宴の人たちを仰天させ、犬を蹴飛ばし、小川を飛び越え、少しずつ沈んでゆく太陽の、十倍も速く走った。一団の旅人とさっと擦れ違った瞬間、①不吉な会話を小耳に挟んだ。「今頃は、②あの男も、はりつけにかかっているよ。」ああ、その男、その男のために私は、今こんなに走っているのだ。その男を死なせてはならない。急げ、メロス。遅れてはならぬ。愛と誠の力を、今こそ知らせてやるがよい。風体なんかはどうでもいい。メロスは、③今は、ほとんど全裸体であった。呼吸もできず、二度、三度、口から血が噴き出た。見える。はるか向こうに小さく、シラクスの町の塔楼が見える。塔楼は、夕日を受けてきらきら光っている。

「ああ、メロス様。」うめくような声が、風とともに聞

(1) ――線①「不吉な会話を小耳に挟んだ。」とありますが、このときのメロスの思いが書かれた部分を文章中から探し、初めと終わりの四字を抜き出しなさい。（句読点を含む。） 10点

(2) ――線②「あの男」とは、誰ですか。名前を答えなさい。 10点

(3) ――線③「今は、ほとんど全裸体であった。」とありますが、この他にもメロスが命懸けで走っている様子がわかる一文を文章中から探し、初めの六字を抜き出しなさい。 10点

よく出る
(4) ――線④「赤く大きい夕日ばかりを見つめていた。」とありますが、このときのメロスはどんな気持ちでしたか。次から一つ選び、記号で答えなさい。 10点

ア 今は走り続けるしかないという強い気持ち。
イ 走ることは無駄になるかもしれないという不安な気持ち。
ウ 恨み言を並べるフィロストラトスにいらだつ気持ち。

(5) ――線⑤「刑場に引き出されても、平気でいました」とありますが、なぜ平気だったのですか。 10点

(6) ――線⑥「王様がさんざんあの方をからかって」とありますが、王様はどんなことを言ったと考えられますか。次から一つ選び、記号で答えなさい。 10点

ア メロスがどんな姿で帰ってくるか楽しみだ。
イ メロスはお前が思うより早く帰ってくるかもしれないな。
ウ メロスが帰ってくると信じているなんて、お前はどうかし

考える
(7) ――線⑦「もっと恐ろしく大きいもの」とありますが、それは何ですか。二十五字程度で答えなさい。 20点

時間20分
/100点
合格75点

解答 p.18

80

ぴたトレ3

確認テスト

テストでも出題されやすいところを実戦形式で解く実力確認問題です。

実戦的な出題

文章はテストによく出る部分を厳選しています。

豊富な記述問題

自由記述の問題が多いですが、答えにはほぼすべての問題の解説がのっています。

よく出る
定期テストに出題されやすい問題だよ!

考える
自分の考えや意見、感想を書く問題だよ!

学習メソッド

STEP1
応用力を身につける
ぴたトレ3では記述問題を中心に難易度の高い問題が出題される。時間を計って実力を確認しよう。

←

STEP2
理解を深める
間違えた問題は必ず解答解説を確認して、本番でも解けるように理解を深めておこう。

←

STEP3
本番前の最終確認
巻末の「定期テスト予想問題」をテスト直前に解いておこう。
余裕《よゆう》があれば音読をもう一度、新出漢字はmini bookを確認して確実に得点できるようにしよう。

ぴたトレ3には「観点別評価」も示されてるよ! これなら内申点も意識できるね!

ピー助

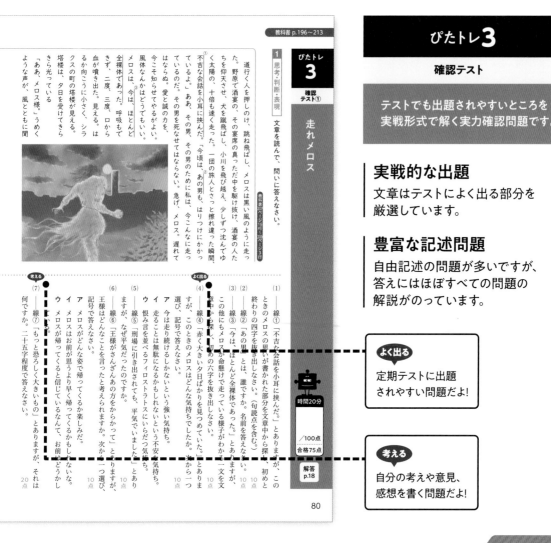

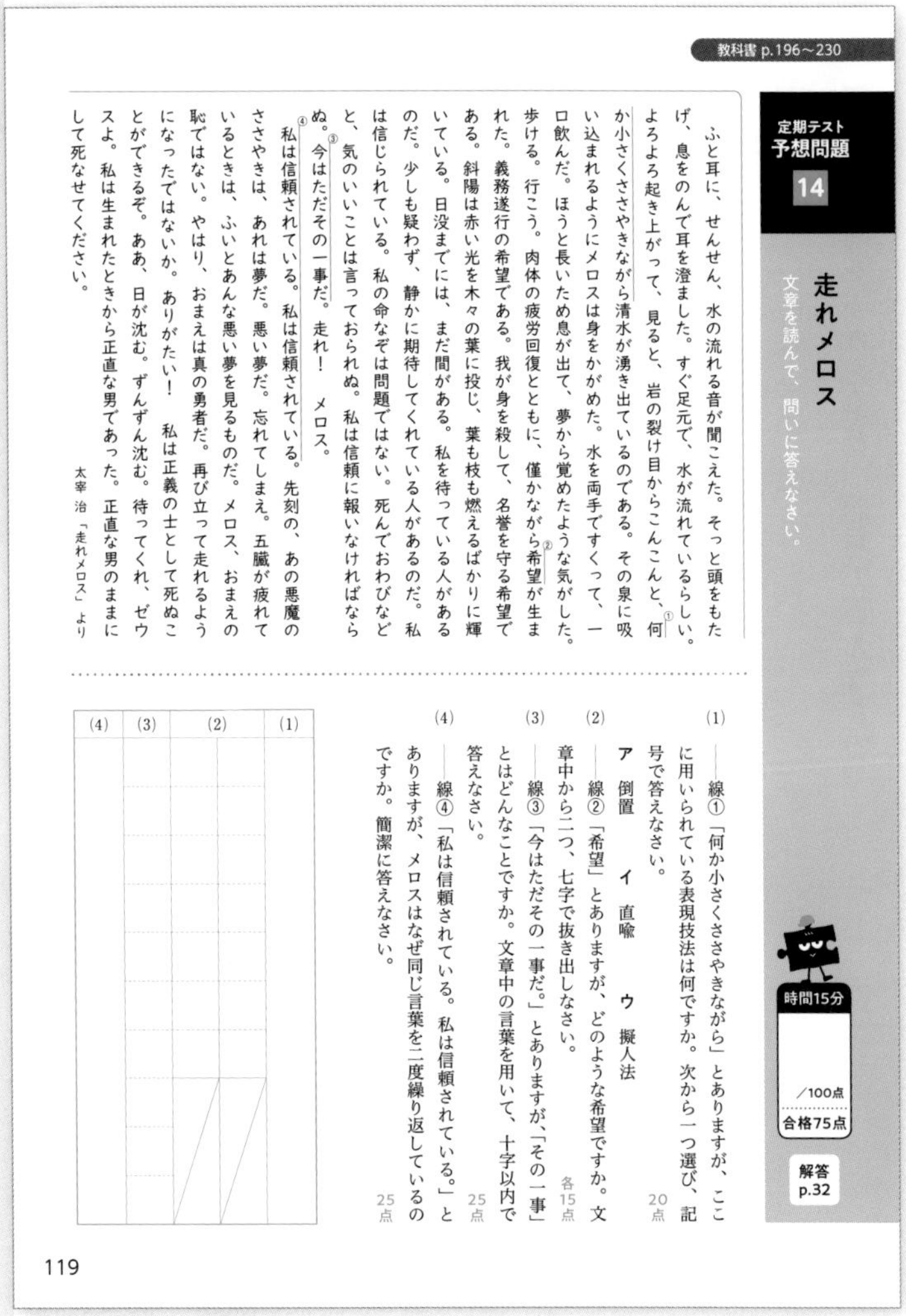

定期テスト 予想問題 14

走れメロス

文章を読んで、問いに答えなさい。

ふと耳に、せんせん、水の流れる音が聞こえた。そっと頭をもたげ、息をのんで耳を澄ました。すぐ足元で、水が流れているらしい。よろよろ起き上がって、見ると、岩の裂け目からこんこんと、①何か小さくささやきながら清水が湧き出ているのである。その泉に吸い込まれるようにメロスは身をかがめた。水を両手ですくって、一口飲んだ。ほうと長いため息が出て、夢から覚めたような気がした。歩ける。行こう。肉体の疲労回復とともに、僅かながら②希望が生まれた。義務遂行の希望である。我が身を殺して、名誉を守る希望である。斜陽は赤い光を木々の葉に投じ、葉も枝も燃えるばかりに輝いている。日没までには、まだ間がある。私を待っている人があるのだ。少しも疑わず、静かに期待してくれている人があるのだ。私は信じられている。私の命なぞは問題ではない。死んでおわびなど、と、気のいいことは言っておられぬ。私は信頼に報いなければならぬ。③今はただその一事だ。走れ！　メロス。

④私は信頼されている。私は信頼されている。先刻の、あの悪魔のささやきは、あれは夢だ。悪い夢だ。忘れてしまえ。五臓が疲れているときは、ふいとあんな悪い夢を見るものだ。メロス、おまえの恥ではない。やはり、おまえは真の勇者だ。再び立って走れるようになったではないか。ありがたい！　私は正義の士として死ぬことができるぞ。ああ、日が沈む。ずんずん沈む。待ってくれ、ゼウスよ。私は生まれたときから正直な男であった。正直な男のままにして死なせてください。

太宰 治「走れメロス」より

(1)　――線①「何か小さくささやきながら」とありますが、ここに用いられている表現技法は何ですか。次から一つ選び、記号で答えなさい。　20点

ア　倒置　　イ　直喩　　ウ　擬人法

(2)　――線②「希望」とありますが、どのような希望ですか。文章中から二つ、七字で抜き出しなさい。　各15点

(3)　――線③「今はただその一事だ。」とありますが、「その一事」とはどんなことですか。文章中の言葉を用いて、十字以内で答えなさい。　25点

(4)　――線④「私は信頼されている。私は信頼されている。」とありますが、メロスはなぜ同じ言葉を二度繰り返しているのですか。簡潔に答えなさい。　25点

(4)	(3)	(2)	(1)

時間15分　／100点　合格75点

解答 p.32

定期テスト予想問題

テスト直前に解くことを意識した1ページ完結の実力テスト問題です。

- 全15回収録のテスト問題です。
- 読解問題を中心に、教材によっては文法問題も出題されます。

通知表と観点別評価

学校の通知表は

- 知識及び技能
- 思考力・判断力・表現力
- 主体的に学習に取り組む態度

といった観点別の評価をもとに作成されています。

本書では、観点別の評価問題を取り上げ、成績に直接結び付くようにしました。

［ぴたトレが支持される3つの理由!!］

1　35年以上続く超ロングセラー商品

昭和59年の発刊以降、教科書改訂《かいてい》にあわせて教材の質を高め、多くの中学生に使用されてきた実績があります。

2　教科書会社が制作する唯一の教科書準拠《じゅんきょ》問題集

教科書会社の編集部が問題集を作成しているので、授業の進度にあわせた予習・復習にもぴったり対応しています。

3　日常学習〜定期テスト対策まで完全サポート

部活などで忙しくても効率的に取り組むことで、テストの点数はもちろん、成績・内申点アップも期待できます。

ぴたトレ 1
要点チェック

名づけられた葉

新川《しんかわ》 和江《かずえ》

解答 p.1

1 これまでに習った漢字　読み仮名を書きなさい。

① 捉える（　　）
② 載せる（　　）
③ 誰（　　）
④ 履歴（　　）
⑤ 描く（　　）
⑥ 振り返り（　　）
⑦ 紹介（　　）
⑧ 比喩（　　）
⑨ 特徴（　　）
⑩ 語彙（　　）
⑪ 違う（　　）
⑫ 僕（　　）

2 重要語句　正しい意味を下から選び、記号で答えなさい。

①（　　）幹
②（　　）葉脈
③（　　）したところで
④（　　）のに
⑤（　　）ものの

ア 動作を行う前に否定する。
イ 前後を意外、不服の気持ちでつなぐ意味を表す。
ウ 物事の中心となる部分。
エ 逆接の確定条件を表す。とはいえ。
オ 植物の葉にある、茎とつながって水や養分、合成物を運ぶ通路の役目をするもの。

スタートアップ

詩の形式

● 口語自由詩…現代の話し言葉で書かれ、音数にきまりのない詩。
● 口語定型詩…現代の話し言葉で書かれ、音数に一定のきまりのある詩。
● 文語自由詩…昔の言葉で書かれ、音数にきまりのない詩。
● 文語定型詩…昔の言葉で書かれ、音数に一定のきまりのある詩。

連

詩の中のまとまり。「名づけられた葉」は三連から成る。

表現技法

● 反復法（繰《く》り返し）…似た表現を繰り返す。
● 比喩…何かにたとえて表す。「ような」「みたいに」などを使った比喩を直喩、使わない比喩を隠喩という。人以外のものを人にたとえる擬人法も比喩の一つ。
● 倒置法…言葉の順序を変える。
● 体言止め…文末を体言（名詞）で終わらせる。
● 対句…対になる言葉などを使った二つの句を並べる。

名づけられた葉

タイムトライアル 8分

解答 p.1

1 読解問題　詩を読んで、問いに答えなさい。

教科書16ページ1行〜17ページ11行

名づけられた葉

新川　和江

ポプラの木には　ポプラの葉
何千何万芽をふいて
緑の小さな手をひろげ
いっしんにひらひらさせても
ひとつひとつのてのひらに
載せられる名はみな同じ　〈ポプラの葉〉

わたしも
いちまいの葉にすぎないけれど
あつい血の樹液をもつ
にんげんの歴史の幹から分かれた小枝に
不安げにしがみついた
おさない葉っぱにすぎないけれど
わたしは呼ばれる
わたしだけの名で　朝に夕に

だからわたし　考えなければならない
誰のまねでもない
葉脈の走らせ方を　刻みのいれ方を
せいいっぱい緑をかがやかせて
うつくしく散る法を
名づけられた葉なのだから　考えなければならない
どんなに風がつよくとも

『現代詩文庫64　新川和江詩集』より

(1) この詩の第一連には、「ポプラの葉」に〈　〉がついたものとついていないものがありますが、その理由はなんですか。それを説明した次の文の□にあてはまる言葉をあとから一つずつ選び、記号で答えなさい。

・〈　〉のついた方は A ではなく、 B であることを示すため。

ア　普通名詞　　イ　固有名詞　　ウ　形式名詞

A（　　）　B（　　）

ヒント　〈　〉は「載せられる名」であることから考えよう。

(2) 第三連で「考えなければならない」とありますが、

① 何を考えなければならないのですか。詩の表現から、次の文の□にあてはまる言葉を考えて書きなさい。

・□にしかできない生き方。

ヒント　「誰のまねでもない」から考えよう。

② なぜ「わたし」は①のことを考えなければならないのですか。詩の表現から考えて書きなさい。

（　　　　）

ヒント　ポプラの葉と自分の違いは何か考えよう。

ぴたトレ 1 要点チェック

セミロングホームルーム
（読み方を学ぼう① 人物設定）

戸森《ともり》しるこ

解答 p.1

1 新しく習った漢字　読み仮名を書きなさい。

① 妙だ（　　　）
② 抜け殻（　　　）
③ 真剣（　　　）
④ 爆笑（　　　）
⑤ 閉鎖（　　　）

2 重要語句　正しい意味を下から選び、記号で答えなさい。

①（　）すかさず
②（　）懲《こ》りる
③（　）あえて
④（　）デリケート
⑤（　）あられもない
⑥（　）魂胆《こんたん》
⑦（　）硬直
⑧（　）絶妙
⑨（　）我に返る

ア いやな目にあい、もうしないと思う。
イ 感受性が強く、繊細な様子。
ウ たくらみ。
エ こわばっている様子。
オ 気を失っていたのが気づく。
カ 無理して。わざわざ。
キ 非常に巧《たく》みですぐれていること。
ク 間を置かずにすぐに。
ケ はしたない。あってはならない。

3 登場人物　物語に出てくる人物の名前を書きなさい。

①（　　　）……物語の主人公。トリノと共に瀬尾《せお》くんの背中のセミを見つける。
②（　　　）……竹内の隣の席にいる。瀬尾くんの背中のセミを見つける。
③（　　　）くん…貧血を起こし、保健室から戻ってきた。背中にセミが止まっている。
④（　　　）先生…竹内たちの先生。授業に集中しない竹内たちにぷりぷりしていた。

得点UPポイント

人物設定を捉えよう！

☑ 登場人物のそれぞれの立場と視点を捉えよう。
☑ 状況《じょうきょう》の変化と、人物の視点の変化を捉えよう。

ぴたトレ 2
練習

セミロングホームルーム
（読み方を学ぼう① 人物設定）

タイムトライアル 8分

解答 p.1

1 読解問題 文章を読んで、問いに答えなさい。

教科書23ページ11行～24ページ7行

「竹内、先生の話、聞いてるか？」

またもや黒岩先生に叱られた。

「聞いてます。先生、①今日のロングホームルーム、残りの時間は外で遊びませんか？」

クラス中がどっと笑った。

気を利《き》かせたつもりの私の提案に、トリノはがっくりと肩を落とし、小声でつぶやいた。

「不自然すぎるだろ。」

この教室から誰もいなくなれば、瀬尾くんだけ引きとめておいて、その間になんとかできると思ったのに。だめか。

ここからホームルームの司会進行が学級委員に替《か》わる。黒岩先生はぷりぷりしながら、私とトリノの後ろに折り畳み椅子《いす》を出してきて、そこに座った。そこで監視《かんし》しようという魂胆だな。

「②うおっ。」

さっきのトリノと同じような声を出して、黒岩先生は私たちの後ろで硬直している。早くもセミに気がついたらしい。

「どうかしました？」

学級委員が黒岩先生に聞く。先生は後ろから答えた。

「な、なんでも。」

戸森 しるこ「セミロングホームルーム」より

(1) ――線①「今日の……遊びませんか？」とありますが、竹内がこのように提案した理由を次から一つ選び、記号で答えなさい。

ア 先生に目を付けられて気まずく、なんとか先生やクラスのみんなの気をそらしたいと思ったから。
イ 瀬尾くんの背中のセミを捕《つか》まえたいと思っているトリノに、どうにかして協力したかったから。
ウ 瀬尾くんの背中のセミを、クラスのみんなに気づかれないようにこっそり逃がしたいと思ったから。

（　　）

ヒント 「この教室から」から始まる文をよく読んで考えよう。

(2) ――線②「うおっ。」とありますが、この前後での先生の視点の違いについてまとめた次の文の□にあてはまる言葉を文章中から抜き出しなさい。

・それまでは授業に集中しない竹内に□□□□していたが、竹内たちの後ろに座ったことで瀬尾の背中に□□が止まっていることに気づき、竹内たちが集中していなかった理由を理解した。

ヒント 「うおっ。」と言ったときに何に気づいたか考えよう。

ぴたトレ 3 確認テスト

セミロングホームルーム

時間20分 ／100点 合格75点

解答 p.1

1 思考・判断・表現 文章を読んで、問いに答えなさい。

教科書25ページ15行～27ページ3行

「じゃあ、多数決により、次の席替《せきが》えはくじ引きで決めます。」

学級委員がそう言った。いつのまにか多数決が実施《じっし》されたらしい。

トリノと席が離れるのはさみしい気もする。

ロングホームルーム終了まで、あと二十分。残り時間は自習になりそうな気配だ。学級委員が優秀なので、ロングホームルームはいつも時間が余ってしまう。全然ロングじゃない。①これが本当のセミロングホームルーム。

私がばかばかしい考えにとらわれているうちに、黒岩先生は窓の外をちらっと見ると、咳払《せきばら》いをしながら教室の前に戻っていってしまった。

先生から②「頼んだぞ。」と言われている気がした。

ついにトリノが動いた。左の窓をゆっくりと開け始めたのだ。静かに、静かに、トリノは自分側の窓が開くように、窓を滑らせている。がんばれ、トリノ。自習が始まってしまったら、クラスのざわめきが消えてしまう。

トリノは音をたてないように立ち上がると、瀬尾《せお》くんの背中にそろそろと手を伸ばし、そこに止まっているセミを、人さし指と親指とでそっとつまんだ。

そして次の瞬間、光の速さで外に放り投げた。

「ばいばい。」

よく出る
(1) ――線①「これが……ルーム。」とありますが、この意味を説明した次の文の□にあてはまる言葉を、①は七字以上十字以内で書き、②はあとから一つ選び、記号で答えなさい。 各5点

・□①を気にしながらの□②ロングホームルームであったという意味。

ア つまらない　イ 楽しい　ウ 長い　エ 短い

(2) ――線②「頼んだぞ。」とありますが、先生から何を頼まれたと思ったのですか。「セミから～」に続くかたちで、文章中の言葉を使って書きなさい。 15点

(3) ――線③「『ありがとう。』／そう言った。」とありますが、それを聞いて「私」とトリノが驚いたのはなぜですか。簡潔に書きなさい。 15点

(4) ――線④「妙な注意の仕方」について、次の問いに答えなさい。

① どういうところが妙なのですか。次の文の□にあてはまる言葉を書きなさい。 15点

・授業中なので□を注意すべきなのに、座っていいと許可を与《あた》えるような言い方であるところ。

② なぜ、妙な注意の仕方になってしまったのですか。次の文の□にあてはまる言葉を、「外」の語を使って十五字以上二十字以内で書きなさい。 15点

・トリノが、□ために立ったのだとわかっていたから。

考える
(5) この文章からは、「私」とトリノと黒岩先生の間に連帯感が感じられます。それはなぜですか。簡潔に書きなさい。 10点

途中まで身動きひとつしなかったセミは、放り出された空中で我に返ったように羽を広げ、ジジジッと鳴きながら、そのまま遠くまで飛んでいった。その去り際《ぎわ》の鳴き声は、クラスの喧騒《けんそう》の中で無事にかき消された。

セミから瀬尾くんを守りぬいた私たちは、握手でも交《か》わしたい心境で、詰《つ》めていた息を大きく吐き出したのだった。やりましたよ、黒岩先生。

そのとき、瀬尾くんが初めて振り返った。瀬尾くんはトリノを見たかと思うと、小さな声だったけれどはっきりと、

「③ありがとう。」

そう言った。

私とトリノは驚いて、なにも言えなかった。トリノは立ったまま座れなくなっている。

「座っていいぞ、鳥野。」

黒岩先生が④妙な注意の仕方をした。

トリノは人さし指でずれたメガネを直すと、ようやく先生の言葉に従った。

戸森 しるこ「セミロングホームルーム」より

2 ——線のカタカナを漢字で書きなさい。 各5点

① セミの抜けガラ。
② シンケンな表情で話す。
③ 友とバクショウする。
④ ヘイサした教室。

1							2			
(1) ①	(1) ②	(2)	(3)	(4) ①	(4) ②	(5)	①	②	③	④
		セミから								

ぴたトレ 1

要点チェック

言葉発見①　敬語の意味と種類
漢字を身につけよう①

解答 p.2

1 新しく習った漢字　読み仮名を書きなさい。

①控える（　）　②臆病（　）　③克服（　）　④鍛錬（　）
⑤九分九厘（　）　⑥休憩（　）　⑦踏む（　）　⑧捻挫（　）
⑨治癒（　）　⑩親戚（　）　⑪渋滞《たい》（　）　⑫苗木（　）
⑬藍染め（　）　⑭巾着（　）　⑮懐中（　）　⑯掃除（　）
⑰並行（　）　⑱器（　）　⑲費やす（　）　⑳小銭（　）

2 重要語句　正しい意味を下から選び、記号で答えなさい。

①（　）九分九厘　　**ア**　ほとんど完全であること。
②（　）矯正　　**イ**　過去のことを思い出すこと。
③（　）回顧　　**ウ**　欠点や悪い行いを正しい状態に直すこと。

スタートアップ

敬語の種類

・丁寧語…その場の話し相手への敬意を表す丁寧な言い方。
　美化語…丁寧語のうち、物事を上品に表現する言い方。
・尊敬語…話題になっている人を高める言い方。
・謙譲語《けんじょう》…動作の受け手や話し相手に対して、自分がへりくだる言い方。

敬語の例

・丁寧語…です　例 これはりんごです。
　ます　例 学校へ行きます。
　ございます　例 入り口はこちらでございます。
・美化語…お・ご　例 お花・ご飯
・尊敬語…お（ご）～になる　例 先生がお読みになる。
　～れる（られる）　例 お客様が帰られる。
　特定の動詞　例 先生がおっしゃる。
　名詞　例 （目上の人からの）お手紙・貴校
・謙譲語…お（ご）～する　例 外国の方をご案内する。
　特定の動詞　例 お見舞いを申しあげる。
　名詞　例 （目上の人への）お手紙・粗品《そしな》

言葉発見① 敬語の意味と種類
漢字を身につけよう①

タイムトライアル 10分

解答 p.2

1 次の――線の敬語の種類をあとから選び、記号で答えなさい。

① 開場まで、もう少々お待ちください。
② 努力すれば、必ず成功するでしょう。
③ 先生がアドバイスをくださる。
④ 子どもたちにお菓子を配る。
⑤ お客様のご都合をうかがう。
⑥ お米の一粒《つぶ》一粒を大事にする。
⑦ こちらは、お礼の品でございます。
⑧ またお目にかかりたく存じます。

ア 丁寧語　**イ** 尊敬語　**ウ** 謙譲語　**エ** 美化語

2 敬語について答えなさい。

(1) 次の(　)にあてはまる敬語をそれぞれあとから選び、記号で答えなさい。

① 先生は明日(　)。
ア ご出発になります　**イ** ご出発します

② 夏休みには、大勢のお客様が(　)。
ア いらっしゃいます　**イ** 参ります

③ 商品は、三日以内に(　)。
ア お届けになります　**イ** お届けします

④ お客様、この上着をご試着(　)。
ア なさいますか　**イ** いたしますか

(2) 次の――線の語を、(　)内の字数で、ふさわしい敬語に直して書きなさい。(ただし、漢字もひらがなも一字に数える。)

① どうぞ食べてください。(5字)
② 友人宅でごちそうを食べる。(4字)
③ 先生が展覧会を見る。(5字)
④ 訪問先でお庭を見る。(4字)

(3) 次の――線の部分に用いられている敬語は誤っています。正しい敬語に直して書きなさい。

① 旅行先は、晴れていらっしゃいましたか。
② 校長先生は、校庭におりますか。
③ この着物は、祖母がくださったものです。
④ わが社の社長も先生にお会いになることを楽しみにしています。

1		2 (1)		2 (2)		2 (3)	
①		①		①		①	
②		②		②		②	
③		③		③		③	
④		④		④		④	
⑤							
⑥							
⑦							
⑧							

ぴたトレ 1

要点チェック

じゃんけんは、なぜグー・チョキ・パーの三種類なのか

（読み方を学ぼう② 発展的な論の展開）

加藤《かとう》 良平《りょうへい》

解答 p.3

1 新しく習った漢字 読み仮名を書きなさい。

① 探る（　　）

2 これまでに習った漢字 読み仮名を書きなさい。

① 序論（　　）　② 誰（　　）　③ 普通（　　）　④ 簡単（　　）

3 重要語句 正しい意味をあとから選び、記号で答えなさい。

① （　）発展
② （　）展開
③ （　）照らし合わせる
④ （　）的確

ア くり広げること。
イ 両方を比べてみる。
ウ 間違いのないこと。
エ 物事の勢いなどが伸び、盛んになること。

4 段落構成 段落構成をまとめなさい。

①序論 じゃんけんは三種類でなければならないのか。

②本論 1 じゃんけんが（　　）だったらどうか。
↓物事を決めるための（　　）としては役に立たない。
2 じゃんけんが（　　）だったらどうか。
↓そのうちの一つを出す意味が全くなくなる。

③結論 じゃんけんは（　　）のつけようがないしくみである。

得点UPポイント

問題を検証する条件と検証結果を捉えよう！

☑ 問題を検証するための条件を読み取る。
☑ 検証結果を理解し、結論とのつながりを捉える。

ぴたトレ 2 練習

じゃんけんは、なぜグー・チョキ・パーの三種類なのか

（読み方を学ぼう② 発展的な論の展開）

タイムトライアル 6分

解答 p.3

1 読解問題 文章を読んで、問いに答えなさい。

教科書41ページ2行〜9行

じゃんけんが成り立つためには、全ての手が平等に勝ったり、負けたりするという関係であるかが重要な条件になります。

もし、二種類だとどうでしょうか。じゃんけんをグーとパーだけとか、パーとチョキだけとかの二種類で行うというものです。これは、じゃんけんとして成り立つでしょうか。

①この場合、例えばグーとパーだけなら、誰もが勝つためにパーを出します。グーを出す人はいません。ですから、パーの連続、つまり、あいこばかりで、いつまでたっても決着はつきません。②二種類のじゃんけんでは、物事を決めるための手段としては役に立たないということです。

加藤 良平「じゃんけんは、なぜグー・チョキ・パーの三種類なのか」より

(1) じゃんけんが成立する重要な条件をまとめた次の文の□にあてはまる言葉を文章中から抜き出しなさい。

・全ての手が［　　］に勝ったり負けたりする［　　］であること。

ヒント 最初の文からじゃんけんの重要な条件を捉えよう。

(2) ――線①「この場合」とはどんな場合ですか。次の文の□にあてはまる言葉を文章中から抜き出しなさい。

・じゃんけんが［　　］だった場合。

ヒント 「この」は前の段落の内容を指していることを捉えよう。

(3) ――線②「二種類のじゃんけんでは……役に立たない」理由を次から一つ選び、記号で答えなさい。

ア 決着をつけるため、あいこはなくさなければならないから。

イ 誰もがグーよりも出しやすいパーを出すと予想されるから。

ウ 勝つためにみんなが同じ手を出し続けることになるから。

（　　）

ヒント ――線②の前の内容に合っているものを選ぼう。

ぴたトレ **3** 確認テスト

じゃんけんは、なぜグー・チョキ・パーの三種類なのか

時間20分　／100点　合格75点　解答 p.3

1 思考・判断・表現　文章を読んで、問いに答えなさい。　教科書41ページ4行～42ページ14行

　もし、二種類だとどうでしょうか。じゃんけんをグーとパーだけとか、パーとチョキだけとかの二種類で行うというものです。①これは、じゃんけんとして成り立つでしょうか。

　この場合、例えばグーとパーだけなら、誰もが勝つためにパーを出します。グーを出す人はいません。ですから、パーの連続、つまり、あいこばかりで、いつまでたっても決着はつきません。二種類のじゃんけんでは、物事を決めるための手段としては役に立たないということです。

　それでは、四種類だとどうでしょうか。ここでは、グーとチョキとパーの他に、四種類めとして「ピン」というのを考えることにします。人さし指を一本だけぴんと立てたものです。この四種類でのじゃんけんを、例えば図2のように示すと、四つが一組で、ぐるぐる回る関係となり、じゃんけんが成り立っているように見えます。

　しかし、②これだけでは、じゃんけんにはなりません。パーとグーとの

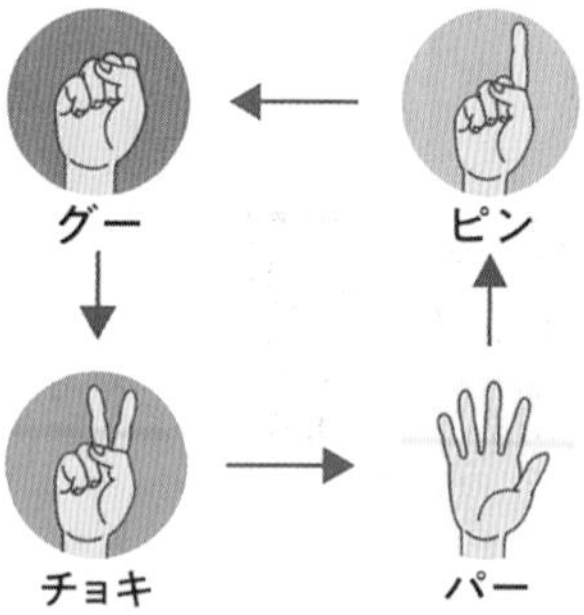

図2

(1) ——線①「これは、じゃんけんとして成り立つでしょうか」について答えなさい。

① 「これ」の指す内容を簡潔に書きなさい。　10点

② この問題に対する筆者の検証結果を簡潔に書きなさい。　10点

(2) ——線②「これだけ」とありますが、その内容を説明した次の文の□にあてはまる言葉をそれぞれ二字で書きなさい。　各10点

・じゃんけんに「ピン」を加え［A］に勝ち、［B］に負けると決めただけ。

よく出る

(3) ——線③「四つの関係は、図3のようになります」とありますが、この関係ではじゃんけんとしてうまく成立していません。その理由を、次のように二つに分けてまとめた□にあてはまる言葉を、Aは五字以内で書き、Bは七字で抜き出しなさい。　各10点

・［A］から。

・［B］がないから。

考える

(4) 筆者は、じゃんけんをどのようなものだと考えていますか。文章中の言葉を使って書きなさい。　20点

図2・3：令和2年検定済み 三省堂 中国2年より

関係、チョキとピンとの関係がわからないからです。そこで、パーとグーとでは、普通のじゃんけんと同じように、パーが勝つとします。また、チョキとピンとでは、チョキが勝つとします。すると、③四つの関係は、図3のようになります。

　ところが、これでは、不公平になってしまいます。チョキとパーは二つの相手に勝って一つの相手に負ける。グーとピンは一つの相手に勝って二つの相手に負けるからです。

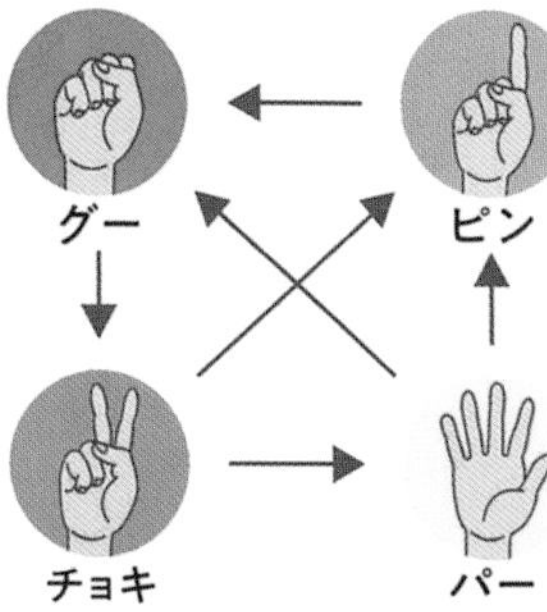

図3

　そのうえ、よく考えてみると、このルールでは、ピンを出す意味が全くなくなります。ピンもパーも、グーに勝ってチョキに負けます。これでは、ピンに勝つパーを出すほうが有利です。それで、誰もピンを出さなくなれば、結局、三種類のじゃんけんと同じことになります。

　グーがチョキに勝ち、チョキがパーに勝ち、パーがグーに勝つ。じゃんけんは、たったそれだけの単純なルールでありながら、誰にも平等に勝つチャンスがあり、ちょっとしたことを簡単に決めるためには、誰にも文句のつけようがないしくみなのです。

加藤 良平「じゃんけんは、なぜグー・チョキ・パーの三種類なのか」より

2 ――線のカタカナを漢字で書きなさい。 各5点

① 町がハッテンする。
② 会議で問題をテイキする。
③ 真の理由をサグる。
④ 文章の内容をトラえる。

1 (1) ①	1 (1) ②	1 (2)	1 (3)	1 (4)	2 ①	2 ③	2 ②	2 ④
		A	A					
		B	B					

ぴたトレ 1
要点チェック

人間は他《ほか》の星に住むことができるのか

渡部《わたなべ》 潤一《じゅんいち》

解答 p.3

1 新しく習った漢字

読み仮名を書きなさい。

①奇跡（　　）
②恵まれる（　　）
③汚染（　　）
④食糧（　　）
⑤噴火（　　）
⑥到達（　　）
⑦唯一（　　）
⑧姉妹（　　）
⑨和らげる（　　）
⑩影響（　　）
⑪撮影（　　）
⑫堆積（　　）
⑬洪水（　　）
⑭凍土（　　）
⑮埋まる（　　）
⑯眠る（　　）
⑰溶かす（　　）
⑱秘める（　　）

2 重要語句

正しい意味を下から選び、記号で答えなさい。

①（　　）探索《たんさく》
②（　　）枯渇《こかつ》
③（　　）堆積

ア　ものが尽きてなくなること。
イ　ものがつみ重なること。
ウ　さぐり、調べること。

3 段落構成

段落構成をまとめなさい。

①序論　人間は地球以外の星に住めるか。
②本論
1地球からの（　　）と、生きていける環境が重要。
2月・金星・水星…地球から近いが、生きていける環境ではない。
3（　　）…薄い大気があり、重力は地球の約四割。
水は地下に氷として埋まっている。
↓氷を溶かせれば住める可能性がある。
③結論　地球は（　　）なので、
大切にすることが重要。

得点UPポイント

筆者の判断とその根拠を捉えよう！

☑話題に対し、筆者はどう判断したかを捉えよう。
☑判断のための根拠は何かを捉えよう。

左の文章は根拠→判断の順で書かれているね。

ぴたトレ **2** 練習

人間は他の星に住むことができるのか

タイムトライアル 8分

解答 p.3

1 読解問題 文章を読んで、問いに答えなさい。

教科書45ページ1行～13行

人間が他の星に移り住むためには、「地球からの距離」と「生きていける環境」が重要な条件になります。

最初に、月はどうでしょうか。月は地球から最も近い天体であり、人間が既に到達したことがある唯一の星です。

しかし、残念ながら月には水も大気もほとんどありません。水は、人間の体をつくるものであり、水がない環境では人間は生きてはいけません。また、大気というのは、熱を逃さない毛布のような役割を果たします。大気がないと、その星の温度は急激に下がったり、上がったりしてしまうため、安定しません。大気がない星というのは、人間が生きていくには厳しい環境だといえます。そのうえ、月は重力も地球の六分の一程度しかありません。したがって、月は人間が生きていける環境の条件を満たしていません。

渡部 潤一「人間は他の星に住むことができるのか」より

(1) 人間が移り住むには、どんな条件を満たした星でなければなりませんか。文章中から二つ抜き出しなさい。

（　　　　）
（　　　　）

ヒント 冒頭の文をよく読んで考えよう。

(2) 月はどんな星ですか。それをまとめた次の文の□にあてはまる言葉を、文章中から抜き出しなさい。

・人間が移り住める□にある。
・人間の体をつくる□がほとんどない。
・□もほとんどないので、温度が安定しない。
・重力は地球の□しかない。

ヒント それぞれ何についてまとめた文か考えよう。

(3) 月に対する筆者の判断がわかる一文を探し、初めの五字を抜き出しなさい。

□□□□□

ヒント 「月はどうでしょうか」に対する判断を探そう。

ぴたトレ 3 確認テスト

人間は他《ほか》の星に住むことができるのか

時間20分
／100点
合格75点
解答 p.4

1 思考・判断・表現　文章を読んで、問いに答えなさい。

教科書46ページ10行～48ページ17行

それでは、地球のすぐ外側を回っている火星はどうでしょうか。

まず、火星には大気があります。大気はとても薄いのですが、人体にとって有害な宇宙線などを多少なりとも和らげることができます。次に、重力はどうでしょうか。火星の重力は地球の約四割といわれます。この火星の重力が人間の健康にどれほど影響を及《およ》ぼすのかは、実はまだよくわかっていません。ただし、月の重力と比べれば、火星では比較的安定して暮らすことができそうです。それから、火星の一日の長さが地球の一日に近いことは利点です。このことによって、もし人間が移り住んでも、体内時計を大きく変えることなく生活できます。

では、火星には人間が生きていくために必要な水はあるのでしょうか。

アメリカは長年、火星探査を行ってきました。その結果、火星には表面に川のような地形があることがわかってきました。

探査機が火星を撮影した写真を詳しく見ると、川の流れによって深くえぐられたと思われる部分や、その堆積物がありそうなことがわかりました。また、高原地帯には「チャネル」と呼ばれる曲がり

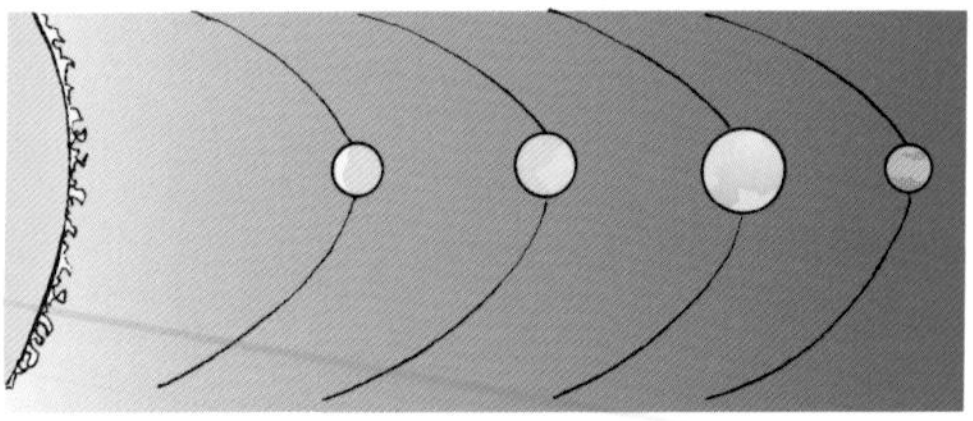

(1) 火星について、文章の内容に合うものを次から全て選び、記号で答えなさい。 完答10点

ア 大気は薄く、人体にとって有害な存在である。
イ 大気は薄いが、人体にとって多少は有益である。
ウ 重力は月に比べて人間が暮らしやすい程度ある。
エ 重力は地球より小さく、人間に悪影響がある。
オ 火星の重力で人間が健康でいられるかわからない。
カ 一日の長さは地球と同じくらいある。
キ 一日の長さは月に比べて人が過ごしやすい程度である。

(2) ——線①「形の細長い……発見しました」とありますが、この発見によってどんなことが証明されましたか。十五字以内で書きなさい。 10点

(3) ——線②「火星の水は……眠っている」について答えなさい。

① 火星の水が氷になっている理由をまとめた次の文の□にあてはまる言葉を書きなさい。 10点

・表面に届く□から。

② この水を溶かすために、どんな研究が進められていますか。文章中から二十三字で探し、最初の五字を抜き出しなさい。 10点

(4) よく出る ——線③「奇跡」とありますが、どんな点が「奇跡」なのですか。「生命」「みごと」という言葉を用いて書きなさい。 20点

(5) 考える ══線「地球の……どうでしょうか」の疑問に対する答えを、文章中の言葉を使って書きなさい。 20点

くねった地形もたくさん見つかりました。これは、一時期に大量の水が流れ出てできたのではないかと考えられました。

一九九七年には、探査機マーズ・パスファインダーが火星着陸に成功し、①形の細長い岩が同じ方向を向いているのを発見しました。これは、以前に洪水が起こったと考えられる決定的な証拠となり、火星にもかつて海や湖があったことが証明されました。そして、二〇〇九年、探査機フェニックスが、かつて火星に存在した水の一部が、地下に永久凍土として埋まっていることを確認しました。火星は太陽から遠いため、表面に届く太陽のエネルギーの量は、地球に届く量の半分程度しかありません。そのため、火星は地球と比べて非常に寒く、平均表面温度はマイナス四三度、最低温度はマイナス一四〇度にもなります。それで、②火星の水は氷として地下に眠っているわけです。

この氷を溶かして水にすることができたら、私たちが火星に移り住む可能性は広がります。地下の氷を溶かして海や川をつくるため、火星の大気を増やし、地表温度を上げるための研究も、現在進められているのです。ただし、うまくいっても、地球と同じような温暖な空気と水をもった惑星になるには、少なくとも数百年はかかるといわれています。

こうして考えてみると、生命が育まれる条件がみごとにそろった地球は、かけがえのない星だということがわかります。私たちはまず、③「奇跡の星」地球を大切にしていくことがなにより重要です。そして、地球の外に目を向けると、いずれは火星が第二の「奇跡の星」になる可能性を秘めているのです。

渡部 潤一「人間は他の星に住むことができるのか」より

2 ――線のカタカナを漢字で書きなさい。 各5点

① メグまれた体格。
② 環境がオセンされる。
③ 火山がフンカする。
④ 山頂にトウタツする。

1						2			
(1)	(2)	(3) ①	(3) ②	(4)	(5)	①	②	③	④

ぴたトレ 1

要点チェック

言葉発見② 言葉のはたらきとコミュニケーション
漢字を身につけよう②

1 新しく習った漢字　読み仮名を書きなさい。

①該当（　）　②契約（　）　③扇風機（　）　④倹約（　）
⑤恒星（　）　⑥苛酷（　）　⑦隆起（　）　⑧尚早（　）
⑨中枢（　）　⑩盲点（　）　⑪削除（　）　⑫進呈（　）
⑬捕手（　）　⑭叫ぶ（　）　⑮肥沃（　）　⑯お浸し（　）
⑰過剰（　）　⑱下痢（　）　⑲症状（　）　⑳厳か（　）

2 重要語句　正しい意味を下から選び、記号で答えなさい。

①（　）該当　　**ア** 土地が肥え、農作物がよくできること。
②（　）倹約　　**イ** 金銭などを少なく使うようにすること。
③（　）肥沃　　**ウ** ある資格や条件にあてはまること。

スタートアップ

人への頼み方

●命令する言い方 例 持て。
→相手のことを考えず、自分の願いを押しつける印象。
●願望を述べる言い方
例 持ってくれるとうれしい。
→押しつけず、相手への配慮《はいりょ》がある印象。
●敬語を用いた言い方
例 持っていただけるとうれしいです。
→願望を述べる言い方より更に配慮が示されている印象。

頼まれごとの断り方

●直接断る言葉だけを言う 例 嫌だ。無理。
→一方的で、相手との関係が気まずくなる可能性がある。
●謝罪の言葉とともに断る
例 ごめん、今は持てない。
→相手への配慮がある印象。
●理由とともに断る
例 すでに手がふさがっているから持てない。
→相手が納得しやすい。
解答 p.4

言葉発見② 言葉のはたらきとコミュニケーション
漢字を身につけよう②

タイムトライアル 10分

解答 p.4

1

(1) **人への頼み方について答えなさい。**
次の頼み方から受ける印象をあとから選び、記号で答えなさい。
① そこにある本を取れ。
② 申し訳ございませんが、そこにあります本を取っていただけると大変うれしく思うのですが、取っていただけませんでしょうか。
③ そこにある本を取ってくれるとうれしいな。
④ そこにある本を取っていただけるとうれしいです。

ア 押しつける印象	**イ** 相手への配慮がある印象
ウ 慇懃《いんぎん》無礼な印象	

(2) 次の頼み方を、( )の敬語を使った言い方で書きなさい。
① 明日九時に私の家に来て。(丁寧語)
② 水を買ってきて。(謙譲《けんじょう》語)
③ 途中で田中さんのところへ寄れ。(尊敬語)

2

(1) **頼まれごとの断り方について答えなさい。**
次の断り方から受ける印象をあとから選び、記号で答えなさい。
① できない。
② ちょっと今、できないんだ、ごめんね。
③ 申し訳ございませんが、できかねます。

ア 相手との関係が気まずくなる印象
イ 相手への配慮がある印象

(2) 次の断り方を、( )の指示にしたがって書きなさい。
① 行けない。(丁寧語を使う。)
② 買えない。(謝罪の言葉を入れる。)
③ 寄れない。(理由を入れる。)

3

――線のカタカナを漢字で書きなさい。
① 暑いのでオウギであおぐ。
② 交通費をケズって食費にあてる。
③ なんとしても犯罪者をツカまえる。
④ 驚かされてゼッキョウする。

1 (1)	1 (2)	2 (1)	2 (2)	3
①	①	①	①	①
②	②	②	②	②
③	③	③	③	③
④				④

ぴたトレ 1
要点チェック

短歌の世界
短歌十首／（読み方を学ぼう③　想像）

俵《たわら》　万智《まち》

解答 p.5

1 新しく習った漢字　読み仮名を書きなさい。

①（　　）恋　②（　　）投稿欄　③（　　）珍しい　④（　　）磨く
⑤（　　）魔法　⑥（　　）状況　⑦（　　）絞る　⑧（　　）繰り返す
⑨（　　）皆さん

2 今までに習った漢字　読み仮名を書きなさい。

①（　　）寝る　②（　　）踏む　③（　　）奇妙

3 重要語句　正しい意味を下から選び、記号で答えなさい。

①（　　）悼《いた》む　　ア　つらく感じられる様子。
②（　　）ささやか　　イ　人の死を嘆き悲しむ。
③（　　）心地《ここち》よい　　ウ　ひっそりと目立たない様子。
④（　　）せつない　　エ　快く感じる様子。

スタートアップ

短歌の形式

☑五七五七七という三十一音

初句 ○○○○○　二句 ●●●●●●●　三句 ○○○○○　四句 ●●●●●●●　結句（五句） ○○○○○○○

☑音の数え方

これだけで一音			前の文字と合わせて一音
促音	長音	撥音《はつおん》	拗音《ようおん》
「っ」	「のばす音」	「ん」	「ゃ」「ゅ」「ょ」

五音・七音より多いものは字余り、少ないものは字足らず。

句切れ

言葉のつながりや意味のうえから、切れめとなるところ。
初句切れ（五／七五七七）　二句切れ（五七／五七七）
三句切れ（五七五／七七）　四句切れ（五七五七／七）
句切れなし（五七五七七）

☑句切れの見分け方――次の形式を覚えよう
①「～や」「～かな」「～けり」のあるところ。
②下につながらない名詞があるところ。
③句点「。」を打つことのできるところ。

短歌に使われる表現技法

倒置法　体言止め　対句《ついく》　擬人法　など

ぴたトレ 2

練習

短歌の世界 短歌十首／（読み方を学ぼう③ 想像）

タイムトライアル 6分

解答 p.5

1 読解問題 短歌を読んで、問いに答えなさい。

教科書64ページ1行〜65ページ8行

A くれなゐ《イ》の二尺伸びたる薔薇《ばら》の芽の針やは《ワ》らかに春雨《はるさめ》のふる　正岡《まさおか》 子規《しき》

B その子二十《はたち》櫛《くし》にながるる黒髪のおごりの春のうつくしきかな　与謝野《よさの》 晶子《あきこ》

C 白鳥《しらとり》は哀《かな》しからずや空の青海のあを《オ》にも染まずただよふ《ウ》　若山《わかやま》 牧水《ぼくすい》

D 不来方《こずかた》のお城の草に寝ころびて
空に吸は《ワ》れし
十五の心　石川《いしかわ》 啄木《たくぼく》

E 葛《くず》の花　踏みしだかれて、色あたらし。この山道を行きし人あり　釈《しゃく》 迢空《ちょうくう》

F シャボンまみれの猫が逃げだす午下《ひる》がり永遠なんてどこにも無いさ　穂村《ほむら》 弘《ひろし》

G 細胞のなかに奇妙な構造のあらわれにけり夜の顕微鏡　永田《ながた》 紅《こう》

「短歌十首」より

(1) A〜Gの短歌のうち、字余りのものを四つ選び、記号で答えなさい。

□ □ □ □

ヒント 基本となる五音・七音より多いものを探そう。

(2) A〜Gの短歌は何句切れですか。次から一つずつ選び、記号で答えなさい。

ア 初句切れ　イ 二句切れ　ウ 三句切れ
エ 四句切れ　オ 句切れなし

A（　）　B（　）
C（　）　D（　）
E（　）　F（　）
G（　）

ヒント 句切れの判断ができる言葉を探そう。

(3) 体言止めが使われている短歌をA〜Gの中から二つ選び、記号で答えなさい。

□ □

ヒント 短歌の最後が体言で終わっているものを探そう。

ぴたトレ **3** 確認テスト

短歌の世界
短歌十首

時間20分　／100点　合格75点

解答 p.5

1 思考・判断・表現　文章を読んで、問いに答えなさい。

教科書60ページ8行〜62ページ2行

短歌の大きな特徴は、短いこと。そしてリズム①があることです。短いので、多くの言葉を用いることはできません。だから言葉を厳しく選び、磨かなくてはなりません②。詩を書くとは、つまりそういうことなのです。

五音七音のリズムは、日本語を心地《ここち》よく聞かせてくれる魔法のようなものです。このリズムに言葉をのせると、とても調子がよくなることを、短歌を声に出して読むことで実感してみてください。

短歌は、短い詩ですから、全てを説明することはできません。その分、読者が想像力をはたらかせて読むという楽しみがあります。

「寒いね」と話しかければ「寒いね」と答える人のいるあたたかさ　俵《たわら》　万智《まち》

この短歌を、私は恋の場面で詠《よ》みました。状況を全部は説明できないので、寒いねと声をかけ合う人がいることで心が温かくなる、そのことに絞って表現しました。

恋の歌と受け止めた人も多くいますが、ある人は「家族のやりとり」と捉え、ある人は「旅先での会話」を思い浮かべました。それぞれの読者の心に、それぞれの「あたたかさ」が伝わることが大切なのです。

(1) ――線①「リズム」について、次の問いに答えなさい。　各10点

① 短歌のリズムとはどういうリズムですか。文章中から八字で抜き出しなさい。

② ①のリズムはどんな効果をもたらしますか。次の□にあてはまる言葉を文章中から四字で抜き出しなさい。

日本語を□聞かせてくれる効果。

(2) ――線②「言葉を厳しく選び、磨かなくてはなりません」とありますが、これに最も近い内容を表すものを次から一つ選び、記号で答えなさい。　15点

ア よく用いられる言葉だけを選ばなければならない。
イ 説明したいことに絞って表現しなければならない。
ウ 事実ではなく、想像したことだけを書かなければならない。

(3) 「『寒いね』と…」の短歌で、作者が表現したことは何か。それがわかる部分を二十四字で探し、最初の五字を抜き出しなさい。（句読点は含まない。）　15点

(4) よく出る　「観覧車…」の短歌について、次の問いに答えなさい。　各5点　②は完答

① この短歌は何句切れですか。

② この短歌に使われている表現技法を次から二つ選び、記号で答えなさい。

ア 倒置法　**イ** 体言止め　**ウ** 対句　**エ** 擬人法

(5) 考える　――線③「せつない恋の歌です」とありますが、どんな点が「せつない」のですか。「差」という言葉を用いて書きなさい。　20点

観覧車回れよ回れ想《おも》ひ《イ》出は君には一日《ひとひ》我には一生《ひとよ》　栗木《くりき》京子《きょうこ》

「君」と「我」が遊園地でデートしている場面です。観覧車に乗っている二人は、幸せなカップルに見えるかもしれません。けれど、作者は感じているのです。相手にとってはたった一日の想い出である今日という日が、自分には一生の想い出となるだろうと。この温度差が、現在の二人の状況を示して、③せつない恋の歌です。「君」と「我」、「一日」と「一生」という対比が効いていますね。「回れよ回れ」という命令形と繰り返しが、勢いとリズムを生んでいることなども鑑賞のポイントとなるでしょう。

俵 万智「短歌の世界」より

2 ——線のカタカナを漢字で書きなさい。　各5点

① 新聞のトウコウラン。

② メズラしい生物。

③ 窓ガラスをミガく。

④ ミナで協力して作業する。

1							2			
(1)①	(1)②	(2)	(3)	(4)①	(4)②	(5)	①	②	③	④
				句切れ						

ぴたトレ 1 要点チェック

文法の窓1 用言の活用
漢字を身につけよう③

解答 p.6

1 新しく習った漢字 読み仮名を書きなさい。

① 波浪（　　）
② 勧告（　　）
③ 湾曲（　　）
④ 疾走（　　）
⑤ 推薦（　　）
⑥ 萎縮（　　）
⑦ 励ます（　　）
⑧ 叙勲（　　）
⑨ 名簿（　　）
⑩ 賄賂（　　）
⑪ 間隔（　　）
⑫ 駐車（　　）
⑬ 薫る（　　）
⑭ 刹那（　　）
⑮ 素朴（　　）
⑯ 暴露《ろ》（　　）
⑰ 災い（　　）
⑱ 静脈（　　）
⑲ 耳鼻科（　　）
⑳ 病みつき（　　）

2 重要語句 正しい意味を下から選び、記号で答えなさい。

①（　　）おろそか
②（　　）災い
③（　　）病みつき

ア 人を不幸にするできごと。
イ 物事をいい加減にするさま。
ウ 物事に熱中してやめられないさま。

スタートアップ

用言の活用

☑ 用言…自立語で活用があり、単独で文の述語になることができる単語。動詞・形容詞・形容動詞の三つ。
☑ 活用…用言があとにつく言葉によって形を変えること。
☑ 語幹…活用形の中で共通して変化しない部分。
☑ 活用語尾《ごび》…活用形の中で変化する部分。

活用形

未然形	ナイ・ウ（ヨウ）などに続く。
連用形	マス・テ（デ）・タ（ダ）などに続く。
終止形	言い切る形。
連体形	体言やコト・ノなどに続く。
仮定形	バに続く。
命令形	命令の意味で言い切る形。

これらを整理してまとめた表を、活用表という。

動詞の活用の種類

五段活用	活用語尾が五段にわたって活用する。
上一段活用	活用語尾がイ段だけに活用する。
下一段活用	活用語尾がエ段だけに活用する。
カ行変格活用	特殊な活用。「来る」のみ。
サ行変格活用	特殊な活用。「する」「〜する」のみ。

文法の窓1　用言の活用

タイムトライアル
10分

解答 p.6

1 次の動詞の活用表を完成させなさい。

動詞	語幹	未然形	連用形	終止形	連体形	仮定形	命令形
読む	①	② も	み ん	む	③	④	⑤
起きる	お	⑥	き	⑦	きる	⑧	きろ（きよ）
寄せる	よ	⑨	⑩	せる	⑪	⑫	せろ（せよ）
来る	○	⑬	⑭	くる	⑮	くれ	⑯
する	○	⑰ さ せ	⑱	する	⑲	⑳	しろ（せよ）

2 次の形容詞「高い」と形容動詞「静かだ」の活用表を完成させなさい。

語例	語幹	未然形	連用形	終止形	連体形	仮定形	命令形
高い	たか	①	② く う	い	③	④	○
静かだ	しずか	⑤	⑥ ⑦ に	だ	⑧	⑨	○

3 次の動詞の活用の種類をあとから選び、記号で答えなさい。

① 会う　② 見る　③ 勉強する
④ 寝る　⑤ 来る　⑥ 着る
⑦ 驚く　⑧ 出る　⑨ 答える

ア 五段活用　**イ** 上一段活用　**ウ** 下一段活用
エ カ行変格活用　**オ** サ行変格活用

1

①	⑥	⑪	⑯
②	⑦	⑫	⑰
③	⑧	⑬	⑱
④	⑨	⑭	⑲
⑤	⑩	⑮	⑳

2

①	⑥
②	⑦
③	⑧
④	⑨
⑤	

3

①	⑥
②	⑦
③	⑧
④	⑨
⑤	

ぴたトレ 1
要点チェック

壁に残された伝言

井上《いのうえ》 恭介《きょうすけ》

解答 p.6

1 新しく習った漢字 読み仮名を書きなさい。

①地獄（　　）　②被爆（　　）　③剝がれる（　　）　④替える（　　）
⑤寮内（　　）　⑥痕跡（　　）　⑦一致（　　）　⑧炎（　　）
⑨払う（　　）　⑩雨露（　　）　⑪廊下（　　）　⑫硫酸（　　）

2 これまでに習った漢字 読み仮名を書きなさい。

①雑踏（　　）　②状況（　　）　③眠る（　　）　④反響（　　）

3 重要語句 正しい意味を下から選び、記号で答えなさい。

①（　　）鑑《かんが》みる　　ア　先例と比べあわせて考える。
②（　　）忍びない　　イ　記憶《きおく》などがしだいに薄れること。
③（　　）風化　　ウ　つらくて我慢できない。

4 場面構成 （　）に入る言葉をあとから選んで書きなさい。

〈冒頭／剝がれ落ちた壁の下から〉

筆者は原爆の日に放送する特別番組の取材中に、広島市の袋町《ふくろまち》小学校の「（①　　）」と出会った。


〈白黒逆転のメカニズム〉

伝言発見の経緯《けいい》と保存された事情は（②　　）的だった。

伝言は二つの（③　　）が重なった結果、保存された。


〈五十数年という時間〉

筆者は伝言が五十数年という時間を超えて出てきたことの（④　　）を考えさせられた。


〈無限に連鎖する「あの日」〉

筆者は関係者の話を聞きながら伝言を見て（⑤　　）が揺さぶられ、（⑥　　）が出た。

伝言に刻まれた「（⑦　　）」のことは、多くの人に伝わる無限の連鎖となり、今も続いている。

意味	あの日	心	伝言	条件	奇跡	涙

ぴたトレ 2 練習

壁に残された伝言

タイムトライアル 10分

解答 p.6

1 読解問題 文章を読んで、問いに答えなさい。

教科書76ページ8行〜77ページ8行

剝がれ落ちた壁の下から

広島市の中心部にある袋町《ふくろまち》小学校。すっきりと立つ長方形の白い鉄筋コンクリートの校舎。その壁の下に「被爆の伝言」の一部が見つかったのは、一九九九年春のことだった。校舎の建て替え工事に先立つ壁の点検中、階段近くの壁が偶然《ぐうぜん》剝がれ、その下から文字らしきものが現れたのだ。よく見ると①「寮内」という字が読めた。

「字の痕跡」としかいえないようなものが②「読めた」のには理由があった。原爆の直後にこの壁を撮った写真があることを多くの人が知っていたからだ。東京の写真家が撮影し、しばらくの間、広島平和記念資料館（原爆資料館）にも展示されていたその写真には、階段近くの壁一面に書かれた伝言が写されていた。だから文字らしきものが見つかったとき、関係者は「ひょっとして③あれではないか。」と思ったのだ。

写真に写っている文章の中身や、階段の手すりと壁の位置関係などを細かく④見比べると、確かにそれは、ある人の連絡先として記した「東鑵《とうかん》寮内」の一部だった。

井上 恭介「壁に残された伝言」
〈『ヒロシマ――壁に残された伝言』を書き改めたもの〉より

(1) ――線①『寮内』という字」は何を伝えるために記されましたか。七字で抜き出しなさい。

ヒント 「寮内」が何という言葉の一部だったのかに着目しよう。

(2) ――線②『読めた』のには理由があった」とありますが、「理由」について書かれた一文を文章中から探し、最初の五字を抜き出しなさい。

ヒント 文末に理由を示す言葉「〜から」がある文を探し出そう。

(3) ――線③「あれ」の指しているものは何ですか。次から一つ選び、記号で答えなさい。

ア 剝がれ落ちた壁。
イ 壁一面に書かれた伝言。
ウ 「東鑵寮内」の一部。

（　　）

ヒント 指示語の指している内容は、その直前にあることが多い。

(4) ――線④「見比べる」とありますが、何と何を見比べたのですか。次から一つ選び、記号で答えなさい。

ア 今回見つかった字の痕跡のある壁と原爆投下直後に撮られた壁の写真。
イ 剝がれる前の壁の様子と剝がれた後の壁の様子。
ウ 原爆資料館に展示されていた写真と原爆投下直後に撮られた壁の写真。

（　　）

ヒント 何のために「見比べる」のかを考えよう。

ぴたトレ 3
確認テスト

壁に残された伝言

時間20分
／100点
合格75点
解答 p.6

1 思考・判断・表現　文章を読んで、問いに答えなさい。

教科書80ページ17行～81ページ16行

無限に連鎖する「あの日」

　原爆の直後、愛する人の行方《ゆくえ》がわからず、必死で探す人が書いた①伝言の文字には、何が写されているのか。発見された伝言を取材者として初めて見たとき、私は正直途方にくれた。貴重な原爆の遺物であるという意味で迫力は感じた。だが、何が書いてあるのか文字を追うのさえ容易ではない。どこからどこまでが一つの伝言なのかもわからない。名前はいくつか読めるが、書いた人の名前なのか、探している人の名前なのかもわからない。その人がその後どうしたのかはもちろんわからない。

　しかし、取材が進み、家族などの関係者が見つかって、彼らと一緒に書かれた文字の前に立ったとき、②驚くべきことが起こった。彼らはいとも簡単にそのかすれた文字を読み、「ああそうだったのか。」とつぶやいた。そして涙を流した。

　それを横で聞きながら私は、もう一度、その文字を眺めた。③涙が出た。

　書家でもなければ芸術家でもない人が書いた、しかもただ人を探すという目的のために書いた、文章ともいえない文字が、人の心を

よく出る

(1)　――線①「伝言の文字には、何が写されているのか」について、次の問いに答えなさい。

①　発見された「伝言」を初めて見た筆者は、どうなりましたか。文章中から六字で抜き出しなさい。　15点

②　筆者が①のようになった理由を書きなさい。　15点

(2)　――線②「驚くべきこと」とありますが、どのような点が「驚くべきこと」だったのですか。「伝言」「関係者」という言葉を用いて、簡潔に書きなさい。　15点

(3)　――線③「涙が出た」とありますが、筆者が涙を流した理由として最も適切なものを次から一つ選び、記号で答えなさい。　10点

ア　伝言の文字から「あの日」のことが伝わってきたから。

イ　伝言の文字を読み取れなかったことが悔しかったから。

ウ　伝言の文字がすべて読み取れるようになったから。

エ　伝言が発見されたことを心から喜んだから。

(4)　――線④「伝言の『あの日』が伝わっていく無限の連鎖」について、次の問いに答えなさい。

①　この様子が具体的に書かれた段落を探し、最初の五字を抜き出しなさい。　10点

考える

②　「無限の連鎖」で、あなたはどのようなことが伝わればよいと考えますか。考えて書きなさい。　15点

こんなに揺さぶるのか。半世紀の時を超えて、伝言の文字の中から「あの日」があふれ出た瞬間だった。

　そして伝言に刻まれた「あの日」のことは、その話を聞いた多くの人々に伝わっていった。伝言のある場所に、直接には関係ない人々が集まってきた。人々は文字の前で口をつぐみ、立ちつくした。

　「被爆の伝言」。それは現代の私たちに、あの日のことを静かに、力強く語ってくれる遺産であり、証人なのである。④伝言の「あの日」が伝わっていく無限の連鎖は、今も続いている。

井上　恭介「壁に残された伝言」
〈『ヒロシマ――壁に残された伝言』を書き改めたもの〉より

2　――線のカタカナを漢字で書きなさい。　各5点

① 紙がハがれる。
② 字のコンセキが残る。
③ 意見がイッチする。
④ ロウカを掃除する。

1						2			
(1)		(2)	(3)	(4)		①	②	③	④
①	②			①	②				

ぴたトレ1 要点チェック

一〇〇年後の水を守る
（読み方を学ぼう④ 図表と文章）

橋本《はしもと》 淳司《じゅんじ》

解答 p.7

1 新しく習った漢字　読み仮名を書きなさい。

①循環（　　） ②一斤（　　） ③鶏（　　） ④豚（　　）
⑤栽培（　　） ⑥膨大（　　） ⑦巨大（　　） ⑧枯れる（　　）
⑨一杯（　　） ⑩廃棄（　　） ⑪土壌（　　） ⑫見据える（　　）

2 重要語句　正しい意味を下から選び、記号で答えなさい。

①（　）穀倉　　ア　東西南北。周囲。
②（　）四方　　イ　あらゆることを支配している法則。
③（　）涵養《かんよう》　　ウ　穀物を蓄えておく倉庫。その地域。
④（　）摂理　　エ　自然に養い育てること。

3 段落構成　段落構成をまとめなさい。

序論　地球は深刻な（①　　）に直面している。

本論　1　人間が利用できる（②　　）は限られ、汚染によって使える水の量は減り続けている。

2　人が使う水には「見える水」と、「見えない水」である（③　　）があり、ともに使う量は増え続けている。

3　こうした水問題に対しては、（④　　）・雨水利用などが有効だと考えられる。

結論　水を大切に使い、長期的に水を育む生活が、水問題の解決につながる。

得点UPポイント
評論文の「接続詞」の意味を捉えよう！

☑接続詞に着目すると、前後の文の関係を捉えやすい。
☑「つまり」は前文の内容の言い換えや要点の整理、「しかも」「そのうえ」は前文の内容へのつけ加え、「一方」は対比や逆接、「このように」はまとめや結論を示すのに使われる。

左の文章でも、接続詞がたくさん使われているね。

ぴたトレ 2

練習

一〇〇年後の水を守る

（読み方を学ぼう④ 図表と文章）

タイムトライアル 8分

解答 p.7

1 読解問題 文章を読んで、問いに答えなさい。

教科書88ページ10行〜89ページ11行

①地球の水の九七・五パーセントは海にある。つまり、人間が飲んだり、使ったりする淡水は、地球の水全体の二・五パーセントしかないことになる。しかも、その淡水の七〇パーセントは凍っている。凍っていない淡水のほとんどは地下水であり、そのうち半分が地中深くにあって、利用することができない。人間が利用できる淡水は、浅い層にある地下水と川や湖の水であり、それらは地球全体の水の〇・〇一パーセントにすぎない。このように、地球に存在する水の中で、実際に使える水は限られている。そのうえ、地球にある水は姿を変えて循環しており、その総量は増えることがないどころか、汚染が進んで使える水の量は減り続けている。

一方で、人口増加と産業の発達によって、使う水の量は増え続けている。一九六〇年には三〇億人だった人口が、二〇〇九年には二倍以上に増え、二〇五〇年には九七億人になると予想されている。人間は、生命を維持するために必要な最低限の水分の他、手洗いや洗面などの衛生を保つための水を含めて、一日一人当たり五〇リットルの水が必要とされている。飲み水や体を洗う水などの、ふだんの生活の中で②「見える水」は、人口の増加にしたがって、当然増えるわけである。

橋本 淳司「一〇〇年後の水を守る」より

(1) ――線①「地球の水」とありますが、人間が実際に使える水は、地球全体の水の何パーセントにあたると筆者は述べていますか。次から一つ選び、記号で答えなさい。

ア 〇・〇一パーセント　イ 二・五パーセント
ウ 七〇パーセント　エ 〇・〇二パーセント

（　　）

ヒント 段落前半で示されている数値の意味を読み取ろう。

(2) 上の文章全体で筆者が伝えたいのは、どのようなことですか。次から一つ選び、記号で答えなさい。

ア 地球にある水は海水と淡水に分かれ、用途が異なること。
イ 私たちの社会は水不足が深刻化する問題を抱えていること。
ウ 水不足を解消するため、産業の発達を抑制《よくせい》する必要があること。

（　　）

ヒント 接続詞が結ぶ各文の内容を捉えて、文脈を読み解こう。

(3) ――線②「見える水」とありますが、具体的にはどんな水ですか。文章中から二つ探し、それぞれ三字と五字で抜き出しなさい。

ヒント 「ふだんの生活の中で」使っている水を探そう。

ぴたトレ 3 確認テスト

一〇〇年後の水を守る

時間20分
／100点
合格75点
解答 p.7

1 思考・判断・表現　文章を読んで、問いに答えなさい。

教科書91ページ18行～93ページ7行

こうした水問題に対して、私たちができることは、①水の循環になるべく負担をかけない水の使い方をすることだ。

まず、「節水」から考えてみよう。節水は各家庭でできる。一人一人がすぐに実行でき、なおかつ、まとまると大きな力になる。例えば、歯磨きの場合、口をすすいでいるときに水を流しっぱなしにすると、三〇秒間で六リットルの水が流れていく。実際には、コップ一杯あれば十分に口はすすげる。つまり、五・七リットルの水は捨ててしまったことになる。

「バーチャルウォーター」も節水の対象となる。日本は食料を世界中から買い集めている一方で、世界一の②残飯大国でもある。捨てられる食べ物は、供給量の三分の一にのぼる。日本の食品廃棄物の発生量は、年間二八四二万トン。仮に、捨てられたものが御飯《ごはん》だとすると、それを生産するのに使われる水の量は、年間一〇五一億五四〇〇万トンになる。一人当たり一日二・三トンの水を捨てているのと同じことだ。食べきれる分だけ作り、食べきれば無駄にはならない。③これが最大の節水なのである。

次に、④雨を貴重な水資源と捉え、賢《かしこ》く使う「雨水利用」の方法を考えることも大切だ。一つの住宅や一つのビルでためられる雨水は少量であっても、地域全体としては大きな効果があるからだ。仮に東京都内の全ての一戸建て住宅が屋根に降った雨をためたとすると、

(1) ――線①「水の循環になるべく負担をかけない水の使い方」とありますが、水を大切に使う方法として筆者が挙げていることを文章中から探し、三つ抜き出しなさい。　各5点

よく出る
(2) ――線②「残飯大国」とありますが、それを端的に表した一文を文章中から探し、最初の五字を抜き出しなさい。　10点

(3) ――線③「これ」は何を指していますか。「～こと。」に続くように、二十五字以内で書きなさい。（句読点を含む。）　15点

(4) ――線④「雨を貴重な水資源と捉え」とありますが、筆者はなぜこう考えているのですか。その理由を次から一つ選び、記号で答えなさい。　10点

ア 「緑のダム」と呼ばれる森林と同等の水を供給する可能性があるから。

イ 雨水を蓄えることで、森林や水田などの自然景観を守れるから。

ウ 各々の建物でためられる雨水の量が少なくても、地域全体で行えば、大量の水を確保できるから。

(5) ――線⑤「水問題」とありますが、筆者は何がそれにあたると考えていますか。文章中から十八字で抜き出しなさい。　10点

考える
(6) ――線⑥「一〇〇年後の水を育む生活」とありますが、どのような生活が水問題の解決につながると筆者は主張していますか。簡潔に書きなさい。　20点

年間で一億三〇〇〇万トンの水が確保できる計算になる。これは利《と》根川《ねがわ》上流の巨大ダムが東京都に供給している水量を上回る。

　雨水を蓄えるということで忘れてはならないのは、森林のはたらきだ。「緑のダム」と呼ばれる森林は、雨を受け止め、土壌に染み込ませ、ろ過し、地下水として蓄える。また、水を張った田んぼにも地下水涵養《かんよう》の機能があり、平均して、一日一ヘクタール当たり二万トンの水を土壌に浸透させている。森林も水田も、貴重な地下水を育む場所なのだ。

　また、日本では、使った水を繰り返して使う「再利用」の技術が進んできている。工業用水の再利用は、一九六〇年代には三五パーセント程度だったが、現在では七八パーセントにまで高まっている。この技術を発展させ、それを世界に発信することによって、水問題に苦しむ国や地域に貢献することができる。
　⑤水問題は、水自体に問題があるわけではない。行きすぎた人間の行動が鏡に映ったものが、水問題である。これは、地域の問題であると同時に、世界の問題である。現代の課題であると同時に、将来を見据えて長期的に捉えるべき課題である。自然の摂理の中で、身近な水を大切に使う生活、一〇年後、⑥一〇〇年後の水を育む生活こそが、水問題の解決につながっていく。

橋本　淳司「一〇〇年後の水を守る」より

2 ――線のカタカナを漢字で書きなさい。

各5点

① ニワトリの卵。
② 穀物をサイバイする。
③ ボウダイな費用。
④ 庭の木がカれる。

1						2			
(1)	(2)	(3)	(4)	(5)	(6)	①	②	③	④
		こと。							

ぴたトレ 1 要点チェック

言葉発見③ 上位語・下位語
漢字を身につけよう④

解答 p.8

1 新しく習った漢字 読み仮名を書きなさい。

① 遡る（　　）　② 二隻（　　）　③ 楼閣（　　）　④ 仏塔（　　）
⑤ 紡績（　　）　⑥ 戦禍（　　）　⑦ 伺う（　　）　⑧ 慰霊碑（　　）
⑨ 潤沢（　　）　⑩ 坑道（　　）　⑪ 合併（　　）　⑫ 店舗（　　）
⑬ 意匠（　　）　⑭ 凝らす（　　）　⑮ 精緻（　　）　⑯ 陶磁器（　　）
⑰ 河川（　　）　⑱ 明星（　　）　⑲ 次第（　　）　⑳ 干上がる（　　）

2 重要語句 正しい意味を下から選び、記号で答えなさい。

①（　）抽象的《ちゅうしょう》　ア 実際に即して、はっきりしているさま。
②（　）具体的　イ 図形や形状などが規則的であるさま。
③（　）幾何学的　ウ 概念《がいねん》的で一般的なさま。

スタートアップ

上位語と下位語

☑ グループ化できるように言葉を集めたとき、それらをまとめる言葉を「上位語」といい、その中に含まれる言葉を「下位語」という。
☑ 上位語か下位語かは、基点となる語との関係によって決まる。ある言葉の下位語が別の言葉の上位語になる場合もある。

上位語

☑ 基点となる語より指し示し方が広く、より抽象的である。
☑ いくつかの言葉をまとめるのに加え、対象をはっきりと示しにくい場面でも用いられる。

下位語

☑ 基点となる語より指し示し方が狭《せま》く、より具体的である。
☑ 具体例を示すことになり、はっきりとしてわかりやすい。

例
- 飲み物
  - お茶
    - 緑茶
    - ウーロン茶
    - ジャスミン茶
  - ジュース
  - コーヒー

言葉発見③ 上位語・下位語

タイムトライアル 8分

解答 p.8

1 次の語句は、ある観点で集められた言葉です。それぞれの上位語を書きなさい。

① 春、麦秋《ばくしゅう》、夏、秋、冬、真冬
② テーブル、椅子《いす》、ソファ、箪笥《たんす》、食器棚
③ 鉛筆、ノート、ペンケース、万年筆、スケッチブック
④ 米、麦、五穀、もち米、玄米、新米

2 次の空欄にあてはまる上位語または下位語を、あとから一つずつ選び、記号で答えなさい。

・楽器―（①）―チェロ　（②）　マンドリン
　　　―管楽器―フルート　ホルン　（③）
　　　―打楽器―太鼓　（④）　木琴《もっきん》

・詩歌《しいか》―詩―散文詩　叙事詩　（⑤）
　　　　　―（⑥）―大和歌《やまとうた》　（⑦）　狂歌《きょうか》　短歌
　　　　　―俳諧《はいかい》―発句《ほっく》　連句　（⑧）

ア 漢詩　イ バイオリン
ウ 川柳　エ 長歌
オ ドラム　カ トランペット
キ 和歌　ク 弦楽器《げんがっき》

3 次の文章の中から上位語と下位語を抜き出しなさい。（ただし、各問題ごとに上位語は一つ、下位語は二つある。）

①「私は旅が好きなので、いつかヨーロッパに行ってみたいです。とくに、イタリアとフランスに興味があります。」

② この地域には、平安時代に建てられた仏教建築が多く残っており、中でも、五重塔と金堂《こんどう》が見どころである。

1				2		3	
①	②	③	④	①	⑤	①	②
						上位語	
				②	⑥		
						下位語	
				③	⑦		
				④	⑧		

ぴたトレ 1

要点チェック

枕草子《まくらのそうし》・徒然草《つれづれぐさ》

清少納言《せいしょうなごん》・兼好法師《けんこうほうし》

解答 p.9

1 新しく習った漢字　読み仮名を書きなさい。

①紫（　　）　②趣（　　）　③蛍（　　）　④霜（　　）

⑤尼（　　）　⑥詣でる（　　）　⑦戒め（　　）

2 重要語句　正しい意味を下から選び、記号で答えなさい。

①（　）あけぼの
②（　）さらなり
③（　）をかし
④（　）あはれなり
⑤（　）つとめて
⑥（　）つきづきし
⑦（　）わろし
⑧（　）なほざり

ア しみじみとした風情《ふぜい》がある。
イ 早朝。
ウ 本気ではない。おろそかだ。
エ いうまでもない。
オ 似つかわしい。
カ 趣がある。すばらしい。
キ 夜がほのぼのと明けようとする頃。
ク よくない。

3 作品の概要　（　）に入る言葉をあとから選んで書きなさい。

枕草子…（①　　）時代中期の随筆。（②　　）作。（③　　）の生活で経験したことや、（④　　）や人間に対する思いが書かれている。

徒然草…（⑤　　）時代末期の随筆。（⑥　　）作。おりにふれての見聞や感想などが鋭い（⑦　　）で描かれている。

自然　鎌倉《かまくら》　平安　宮廷《きゅうてい》　批評眼　兼好法師　清少納言

得点UPポイント

筆者が「をかし」と感じているものを読み取る！

☑随筆は筆者が見聞したことや心に浮かんだことを自由な形式で書いたもの。その感じ方やものの見方をおさえよう。

☑『枕草子』第一段では、筆者の季節の感じ方が描かれており、「をかし」がキーワードになっている。

左の文章では、文末に「をかし」が省略されているところがたくさんあるよ。

枕草子

タイムトライアル 8分

解答 p.9

1 読解問題 文章を読んで、問いに答えなさい。

教科書106ページ1行〜107ページ2行

春はあけぼの。やうやう《ヨウヨウ》白くなりゆく山ぎは《ワ》、少しあかりて、紫だちたる雲の細く①たなびきたる。

夏は夜。月の頃はさらなり。闇《やみ》もなほ《オ》、蛍の多く飛びちがひ《イ》たる。また、ただ②一つ二つなど、ほのかにうち光りて行くもを《オ》かし。雨など降るもを《オ》かし。

秋は夕暮れ。夕日のさして山の端《は》いと近うなりたるに、からすの寝所《ねどころ》へ行くとて、③三つ四つ、二つ三つなど飛び急ぐさへ《エ》あは《ワ》れなり。まいてかりなどの連ねたるが、いと小さく見ゆるは、いとを《オ》かし。日入りはてて、風の音《おと》、虫の音《ね》など、はた言ふ《ウ》べきにあらず。

（第一段より）

清少納言「枕草子」より

(1) ——線①「たなびきたる」の後には述語が省略されています。その言葉を次から一つ選び、記号で答えなさい。

ア はさらなり　**イ** はをかし
ウ はうつくし　**エ** はつきづきし

（　　）

ヒント 『枕草子』で多用されている言葉が省かれているよ。

(2) 作者が春・夏・秋で、趣があると感じている時間帯はいつですか。文章中から春は四字、夏は一字、秋は三字で抜き出しなさい。

春 □□□□　夏 □　秋 □□□

ヒント 各段落の冒頭に筆者の思いが明瞭《めいりょう》にまとめられている。

(3) ——線②「一つ二つ」と、——線③「三つ四つ」はそれぞれ何を指していますか。②は一字、③は三字で書きなさい。

② □　③ □□□

ヒント ともに「飛ぶ」ものだが、夏と秋では異なる。

(4) 「秋は」から始まる段落の表現方法として適切なものを次から一つ選び、記号で答えなさい。

ア 視覚と聴覚の両方で自然を捉えている。
イ 視覚的な技巧《ぎこう》を駆使して、自然を描写している。
ウ 秋に趣が増すものをできるだけ多く挙げている。

（　　）

ヒント 「秋は〜」の段落の前半と後半の描写を比べてみよう。

ぴたトレ 3 確認テスト

徒然草《つれづれぐさ》

時間20分

／100点

合格75点

解答 p.9

1 思考・判断・表現

文章を読んで、問いに答えなさい。

教科書109ページ1行〜110ページ11行

①つれづれなるままに、日暮らし硯《すずり》に向かひ《イ》て、心にうつりゆくよしなしごとを、そこはかとなく書きつくれば、あやしう《シュウ》こそものぐるほ《オ》しけれ。

（序段）

仁和寺《にんなじ》にある法師、年寄るまで、石清水《いはしみづ》を拝まざりければ、②心うく覚えて、あるとき思ひ《イ》立ちて、ただ一人、かちより詣でけり。極楽寺《ごくらくじ》・高良《かうら》などを拝みて、かばかりと心得て帰りにけり。さて、かたへ《エ》の人にあひ《イ》て、「年ごろ思ひ《イ》つること、果たしはべりぬ。聞きしにもすぎて、尊くこそおは《ワ》しけれ。そも、参りたる人ごとに山へ登りしは、なにごとか③ありけん、④ゆかしかりしかど、神

(1) ——線①「つれづれなるまま」の意味を十字以内で書きなさい。15点

(2) ——線②「心うく覚えて」とありますが、何についてそう思ったのですか。次から一つ選び、記号で答えなさい。10点

ア 年をとるまで、ただ一人で神社を参拝しなかったこと。
イ 年をとるまで、極楽寺を拝みに行かなかったこと。
ウ 年をとるまで、石清水八幡宮《はちまんぐう》を参拝しなかったこと。

(3) ——線③「か」は係助詞です。結びの語を文章中から抜き出しなさい。また、その意味を次から一つ選び、記号で答えなさい。各5点

ア 強調　イ 疑問　ウ 感動

よく出る
(4) ——線④「ゆかしかりしかど」とありますが、何を見てそう思ったのですか。文章中から十三字で探し、最初の五字を抜き出しなさい。15点

(5) この話のおもしろさについて述べた次の文の□にあてはまる言葉を、それぞれ三字で書きなさい。各5点

・仁和寺の法師が ① 八幡宮を参拝しようと一人でお参りに行ったが、近くの他の神社を参拝して、これだけだと勘違《かんちが》いし、 ② にある肝心の神社を参拝せずに帰ってきてしまった。

考える
(6) ——線⑤「少しのことにも、先達はあらまほしきことなり」とありますが、筆者がこの話を通じて伝えたかったことを含めて、端的に現代語訳して書きなさい。20点

へ参るこそ本意《ほい》なれと思ひて、山までは見ず。」
とぞ言ひける。
⑤少しのことにも、先達《せんだち》はあらまほしきことなり。
（第五十二段）

兼好法師「徒然草」より

2 ——線のカタカナを漢字で書きなさい。　各5点

① オモムキのある日本庭園。
② 水辺にホタルが飛ぶ。
③ シモが降りる。
④ 今後のイマシめにする。

1								2			
(1)	(2)	(3)		(4)	(5)		(6)	①	②	③	④
		結びの語	意味		①	②					

ぴたトレ 1
要点チェック

平家物語
（読み方を学ぼう⑤　物語の転換点）

解答 p.10

1 新しく習った漢字　読み仮名を書きなさい。

①（　　）鐘
②（　　）必衰
③（　　）栄華
④（　　）討つ
⑤（　　）陣
⑥（　　）敷く
⑦（　　）戦
⑧（　　）鶴
⑨（　　）縫う
⑩（　　）一騎
⑪（　　）薄化粧
⑫（　　）美麗
⑬（　　）悔やむ
⑭（　　）袖
⑮（　　）袋

2 重要語句　正しい意味を下から選び、記号で答えなさい。

①（　　）諸行無常《しょぎょうむじょう》
②（　　）公達《きんだち》
③（　　）お歯黒《はぐろ》
④（　　）出家

ア　身分が高い人の子息。
イ　歯を黒く染める風習。
ウ　物事は常に移り変わること。
エ　仏道に入るため僧《そう》になること。

3 作品の概要　（　）に入る言葉をあとから選んで書きなさい。

・『平家物語』は（①　　）時代前期に成立した（②　　）。信濃前司行長《しなののぜんじゆきなが》の作という説もあるが、作者は（③　　）。平家の栄華と没落《ぼつらく》が描かれており、本来は「平曲《へいきょく》」として（④　　）が諸国を回って語っていた。（⑤　　）や当時の会話を生かした独特の調子を持つ文章が特徴的である。

漢語　未詳　鎌倉《かまくら》　軍記物語　琵琶《びわ》法師

得点UPポイント

独特のリズムと「対句表現」を意識して読む！

☑ 琵琶に合わせて語る音曲である「平曲」として語り伝えられたため、独特のリズムを持つ。
☑ 漢語を交えた対句表現の特徴を捉えよう。

声に出して読むと、独特のリズムが伝わってくるよ。

ぴたトレ 2

練習

平家物語

（読み方を学ぼう⑤　物語の転換点）

タイムトライアル 8分

解答 p.10

1 読解問題　文章を読んで、問いに答えなさい。

教科書116ページ1行〜8行

祇《ぎ》園精舎《をんしやうじや》《オンショウジャ》の鐘の声
①諸行《しよぎやう》《ショギョウ》無《む》常《じやう》《ジョウ》の響きあり。
娑《しや》《シャ》羅《ら》双樹《さうじゆ》《ソウジュ》の花の色、
盛者《じやうしや》《ジョウシャ》必《ひつ》《ヒッ》衰《すい》のことわりを②あらはす。
おごれる人も久しからず、
③ただ春の夜《よ》の夢のごとし。
④たけき者も⑤つひには滅びぬ、
ひとへ《エ》に風の前の塵《ちり》に同じ。

「平家物語」より

(1) ——線②⑤をそれぞれ現代仮名遣いに直して書きなさい。

ヒント 「はひふへほ」を「わいうえお」に置きかえよう。

②
⑤

(2) ——線①「諸行無常」とありますが、どういう意味ですか。次から一つ選び、記号で答えなさい。

ア 物事は常に移り変わっていき、不変のものはない。
イ 諸般の修行《しゅぎょう》を経た人だけが、無の境地にたどり着ける。
ウ 人の命ははかないものだが、自然の力は不変である。

（　　）

ヒント 「無常観」は『平家物語』全体をつらぬくテーマである。

(3) ——線③「ただ春の夜の夢のごとし」と対句になっている部分を文章中から十二字で探し、最初の四字を抜き出しなさい。

ヒント 対句は内容が似た言葉や同じ音数で表されることが多い。

(4) ——線④「たけき者」は何を指していますか。次から一つ選び、記号で答えなさい。

ア 鎌倉時代の武士　イ 平家
ウ 出家した法師　エ 源氏

（　　）

ヒント 上段の文章は『平家物語』の冒頭文であることに着目する。

ぴたトレ 3 確認テスト

平家物語

時間20分 ／100点 合格75点

解答 p.10

1 思考・判断・表現　文章を読んで、問いに答えなさい。

教科書122ページ1行～124ページ4行

（源氏方《がた》の武将である熊谷次郎直実《くまがえのじろうなおざね》は、平家方の若き大将軍である敦盛《あつもり》と戦の場で出会った。）

熊谷《くまがへ》《ガエ》、

「あつぱ《アッパ》れ、大将軍や。この人一人《いちにん》討ちたてまつた《マッタ》りとも、負くべき戦に勝つべきやう《ヨウ》もなし。また討ちたてまつらずとも、勝つべき戦に負くることもよもあらじ。小次郎《こじらう》《ロウ》が薄手《うすで》負うたるをだに、直実《なほざね》《ナオ》は心苦しう《シュウ》こそ思ふ《ウ》に、①この殿の父、討たれぬと聞いて、いかばかり嘆きたまは《ワ》んずらん。あは《ワ》れ、助けたてまつらばや。」

と思ひ《イ》て、後ろをきつと《キット》見ければ、土《と》肥《ひ》《イ》・梶原《かぢはら》《カジワラ》五十騎ばかりで続いたり。

熊谷涙を抑《おさ》へ《エ》て申しけるは、

「助けまゐ《イ》らせんとは存じ候《さうら》《ソウラ》へ《エ》ども、味方の軍兵《ぐんびやう》《ビョウ》②雲霞《うんか》のごとく候ふ《ウ》。③よも逃れさせたまは《ワ》じ。人手《ひとで》にかけまゐ《イ》らせんより、④同じくは、直

考える　よく出る

(1) ――線①「この殿」は誰を指していますか。文章中から三字で抜き出しなさい。　10点

(2) ――線②「雲霞のごとく」は、どのような様子を表していますか。次から一つ選び、記号で答えなさい。　10点

ア 周囲で激しい戦が行われている様子。
イ 暗雲がたちこめてあらしになりそうな様子。
ウ 味方が大勢押し寄せている様子。

(3) ――線③「よも逃れさせたまはじ」を現代語訳して書きなさい。　10点

(4) ――線④「同じく」とありますが、何が同じなのですか。「敦盛」という言葉を用いて、簡潔に書きなさい。　15点

(5) ――線⑤「泣く泣く首をぞかいてんげる」とありますが、直実はなぜそうしたのですか。次の文の□にあてはまる言葉を文章中の言葉を用いて書きなさい。　各5点

・直実は、大将軍が我が子の［①］と同じくらいの年であると知り、子を失う［②］のつらい気持ちを思い、大将軍を［③］ようとしたが、［④］の軍勢が近づいていることに気づき、誰かの手にかかるよりはと、泣く泣く首を切った。

(6) ――線⑥「さめざめとぞ泣きゐたる」とありますが、どのような気持ちからそうなったのですか。直実の心情を端的に表した部分を文章中から十七字で抜き出しなさい。（句読点を含む。）　15点

実が手にかけまゐ《イ》らせて、後《のち》の御孝養《おんけうやう》《キョウヨウ》をこそつかまつり候は《ワ》め。」

と申しければ、

「ただ、とくとく首を取れ。」

とぞのたまひ《イ》ける。

　熊谷あまりにいとほ《オ》しくて、いづ《ズ》くに刀を立つべしともおぼえず、目もくれ心も消えはてて、前後不覚におぼえけれども、さてしもあるべきことならねば、⑤泣く泣く首をぞかいてんげる。

「あは《ワ》れ、弓矢取る身ほど口惜しかりけるものはなし。武芸の家に生まれずは、なにとてかかる憂《う》きめをば見るべき。情けなう《ノウ》も討ちたてまつるものかな。」

とかきくどき、袖を顔に押し当てて⑥さめざめとぞ泣きゐ《イ》たる。

「平家物語」より

2　――線のカタカナを漢字で書きなさい。　各5点

① エイガを極《きわ》める。　② ふとんをシく。
③ ツルが空を飛ぶ。　④ 布製のフクロ。

1 (1)	1 (2)	1 (3)	1 (4)	1 (5)	1 (6)	2
				①		①
				②		②
				③		③
				④		④

ぴたトレ 1
要点チェック

漢詩の世界
漢文の読み方　漢詩の形式

解答 p.11

1 これまでに習った漢字 読み仮名を書きなさい。

①遠影（　　）
②高楼（　　）
③驚かす（　　）
④更に（　　）
⑤欲する（　　）
⑥眺め（　　）
⑦城壁（　　）
⑧叙事詩（　　）

2 重要語句 正しい意味を下から選び、記号で答えなさい。

①（　　）春暁《しゅんぎょう》
②（　　）啼鳥《ていちょう》
③（　　）夜来《やらい》
④（　　）煙花《えんか》
⑤（　　）天際《てんさい》
⑥（　　）春望
⑦（　　）烽火《ほうか》
⑧（　　）家書

ア 天の果て。
イ 家族からの手紙。
ウ 鳥のさえずり。
エ 戦闘で用いるのろしの火。
オ 春の夜明け方。
カ 昨夜以来。
キ 春の眺め。
ク 花に立ちこめる霞《かすみ》。

スタートアップ

漢詩の形式

☑四句からなる「絶句《ぜっく》」と、八句からなる「律詩《りっし》」がある。
☑一句は五言《ごごん》（五字）または七言《しちごん》（七字）からなる。
☑五言の絶句を「五言絶句」、七言の絶句を「七言絶句」、五言の律詩を「五言律詩」、七言の律詩を「七言律詩」という。

返り点

☑漢文を訓読するときに、読む順序を示す記号を「返り点」といい、主なものに、レ点と一・二点がある。
●レ点…一字だけ上の字に返る。
例　花 欲スレ然《も》エント。→花然えんと欲す。
●一・二点…二字以上離れた上の字に返る。
例　下ル二揚《よう》州《しゅう》一。→揚州に下る。

押韻《おういん》

☑押韻…偶数《ぐうすう》句の末尾《まつび》に同じ響き（韻）をもつ文字を置く決まり。七言詩では、偶数句に加え、第一句も押韻する。「韻を踏む」「韻を押す」という。

構造が似ている二つの句を対にして並べる表現技法「対句《ついく》」も、よく使われるよ。

漢詩の世界
漢文の読み方　漢詩の形式

タイムトライアル 8分

解答 p.11

1 読解問題　文章を読んで、問いに答えなさい。

教科書134ページ1行〜9行

春望　　杜甫《とほ》

①国破れて山河在り
②城春にして草木深し
時に感じては花にも涙を濺《そそ》ぎ
別れを恨《うら》んでは鳥にも心を驚かす
烽火三月《ほうくわさんげつ》に連なり
③家書万金《ばんきん》に抵《あた》る
白頭掻《か》けば更に短く
渾《す》べて簪《しん》に勝《た》へざらんと欲《ほっ》す

国破レテ山河在リ
城春ニシテ草木深シ
感ジテハレ時ニ花ニモ濺ギレ涙ヲ
恨ンデハレ別レヲ鳥ニモ驚カスレ心ヲ
烽火連ナリ二三月ニ一
家書抵ル二万金ニ一
白頭掻ケバ更ニ短ク
渾ベテ欲スレ不ざラントレ勝ヘレ簪ニ

「漢詩の世界」より

(1) 「春望」の漢詩の形式（漢字四字）と、韻を踏んでいる語（漢字一字を四語）をそれぞれ書きなさい。

形式 □□□□
押韻 □ □ □ □

ヒント　形式は句の数と語数、押韻は偶数句の末尾に着目しよう。

(2) ――線①と②「国破れて山河在り　城春にして草木深し」の句に作者がこめた心情を次から一つ選び、記号で答えなさい。

ア 春が訪れた都と自然の美しさ。
イ 人の世のはかなさと自然の不変性。
ウ 破壊された都を復興させようとする強い意志。

（　　）

ヒント　人の営みと自然がどう表現されているかを読み取ろう。

(3) ――線③「家書万金に抵る」とありますが、この表現から何がわかりますか。次から一つ選び、記号で答えなさい。

ア 作者が家族と離れ離れになって暮らしていること。
イ 家族からの手紙を長年にわたり作者が保管していること。
ウ 名家の人が書いた手紙なので、高い値がつくこと。

（　　）

ヒント　「万金に抵る」は「貴重である」という意味である。

ぴたトレ 1

要点チェック①

漢字のしくみ1 熟語の構成・熟字訓
漢字を身につけよう⑤

解答 p.11

1 新しく習った漢字 読み仮名を書きなさい。

①雷鳴（　　） ②慶弔（　　） ③彫刻（　　） ④妊娠（　　）
⑤匿名（　　） ⑥失踪（　　） ⑦詐称（　　） ⑧胴衣（　　）
⑨冥福（　　） ⑩出棺（　　） ⑪老翁（　　） ⑫哀愁（　　）
⑬振り仮名（　　） ⑭三味線（　　） ⑮足袋（　　） ⑯草履（　　）
⑰太刀（　　） ⑱竹刀（　　） ⑲相撲（　　） ⑳笑顔（　　）

2 重要語句 正しい意味を下から選び、記号で答えなさい。

①（　　）遷都
②（　　）免責
③（　　）進捗

ア 都を他の土地に移すこと。
イ 物事が進みはかどること。
ウ 責任を問われるのを免《まぬが》れること。

スタートアップ

二字熟語の構成1

漢字二字の組み合わせ方にはいろいろな型があり、①～⑤が主なものである。熟語の構成を理解しておくと、意味をしっかり読み取れる。

☑①主語と述語の関係になっているもの
例 日照…日が照る

☑②反対の意味をもつもの
例 送迎…送る⇔迎える

☑③似た意味をもつもの
例 生産…生む＋産む

☑④あとの漢字が、前の漢字の目的（～を）や対象（～に）を表すもの
例 開会…会を開く

☑⑤前の漢字が、あとの漢字を修飾するもの
例 敬語…敬う語

52ページにあるその他の構成も一緒にチェックしよう！

ぴたトレ
2

練習①

漢字のしくみ1　熟語の構成・熟字訓

タイムトライアル
8分

解答 p.11

1 次の熟語と同じ構成の熟語をあとから一つずつ選び、記号で答えなさい。

① 国立　② 虚実
③ 優劣　④ 依頼
⑤ 詳細　⑥ 雷鳴
⑦ 価値　⑧ 凹凸
⑨ 取捨　⑩ 頭痛

ア 新旧　**イ** 市営　**ウ** 絵画

2 次の熟語の読みを書きなさい。また、構成の特徴をあとから一つずつ選び、記号で答えなさい。

① 越冬　② 続報
③ 挙手　④ 詐称
⑤ 暗示　⑥ 快晴
⑦ 換金　⑧ 除湿

ア あとの漢字が、前の漢字の目的や対象を表すもの
イ 前の漢字が、あとの漢字を修飾するもの

3 ――線の言葉にあてはまる熟語をあとから一つずつ選び、記号で答えなさい。

(1)
① この広大な森は、全て<u>シユウ</u>の土地だ。
② 彼は長い人生の中で、多くの<u>シユウ</u>をもった。
ア 師友　**イ** 私有

(2)
① 花のいい香りが、<u>ビコウ</u>に広がっていった。
② 隣の家の窓から、<u>ビコウ</u>がもれている。
ア 微光　**イ** 鼻孔

1		2				3
①	⑥	①	③	⑤	⑦	(1) ①
②	⑦					(1) ②
③	⑧					(2) ①
④	⑨	②	④	⑥	⑧	(2) ②
⑤	⑩					

ぴたトレ 1

要点チェック②

漢字のしくみ1 熟語の構成・熟字訓
漢字を身につけよう⑤

解答 p.11

1 新しく習った漢字 読み仮名を書きなさい。

①俊足（　　） ②鼻孔（　　） ③愛嬢（　　） ④日没（　　）
⑤合掌（　　） ⑥挑戦（　　） ⑦概観（　　） ⑧悔恨（　　）
⑨葛藤（　　） ⑩地核（　　） ⑪謙遜（　　） ⑫双方（　　）
⑬吉報（　　） ⑭文壇（　　） ⑮後輩（　　） ⑯梅雨（　　）
⑰五月雨（　　） ⑱時雨（　　） ⑲日和（　　） ⑳土産（　　）

2 重要語句 正しい意味を下から選び、記号で答えなさい。

①（　）伯仲　　**ア** 一度。一回。
②（　）老婆心　　**イ** 優劣がないこと。似たり寄ったり。
③（　）一遍　　**ウ** 必要以上の親切心。おせっかい。

スタートアップ

二字熟語の構成2

50ページの構成に加え、次の組み合わせ方も覚えておこう。

☑⑥その他の構成

・同じ漢字を繰り返したもの（「畳語《じょうご》」という）
例 人々　国々　軽々　転々　続々

・前の漢字が打ち消しの意味（不・無・非・否・未）を表すもの
例 不在　無知　非常　否認　未知

・補助的な意味を前やあとにつけたもの
例 御社　貴校　美化　知的　理性

・長い熟語が省略されたもの
例 国連（国際連合）　図工（図画工作）

熟字訓

漢字の組み合わせ全体に対して、一つの訓読みを当てたものを「熟字訓」という。

例 小豆（あずき）　田舎（いなか）　大人（おとな）

「熟字訓」は呼び方のとおり、全て訓読みになっているね。

1 次の（　）にあてはまる漢字をあとから一つずつ選び、記号で答えなさい。

①（　）益　②（　）来
③（　）認　④（　）凡
⑤（　）正

ア 不　**イ** 無　**ウ** 非　**エ** 否　**オ** 未

2 次の漢字は、前またはあとに補助的な意味を表す漢字を組み合わせることで二字熟語となります。（　）にあてはまる漢字をあとから一つずつ選び、記号で答えなさい。

①（　）茶　②適（　）
③劇（　）　④（　）兄

ア 御　**イ** 貴　**ウ** 的　**エ** 性

3 次の熟語を二字に短縮して書きなさい。また、できた二字熟語の読みを書きなさい。

①特別急行　②原子力発電所
③日本銀行　④地方裁判所
⑤模擬試験　⑥農業協同組合

4 次の熟字訓の読みを書きなさい。

①足袋　②草履
③太刀　④竹刀
⑤相撲　⑥笑顔
⑦風邪　⑧心地

タイムトライアル **8分**

解答 p.11

1				2				3							4							
①	②	③	④	⑤	①	②	③	④	①	②	③	④	⑤	⑥	①	②	③	④	⑤	⑥	⑦	⑧

ぴたトレ 1 要点チェック

複数の情報を関連づけて考えをまとめる／共生社会に関するデータ
自立とは「依存先を増やすこと」

熊谷《くまがや》 晋一郎《しんいちろう》

解答 p.12

1 新しく習った漢字 読み仮名を書きなさい。

①車椅子（　　）　②二人三脚（　　）

2 これまでに習った漢字 読み仮名を書きなさい。

①普遍（　　）　②皆さん（　　）　③開拓（　　）

3 重要語句 正しい意味を下から選び、記号で答えなさい。

①（　）依存
②（　）介助
③（　）独り立ち
④（　）格段
⑤（　）ありのまま
⑥（　）普遍
⑦（　）ぬぐう

ア 程度の差がはなはだしいこと。
イ 他に頼って生活すること。
ウ 実際にあるとおり。
エ 全てのものに当てはまること。
オ 助けを借りず生活すること。
カ 消し去ること。
キ 付き添って手助けをすること。

4 登場人物 （　）に入る言葉をあとから選んで書きなさい。

・脳性麻痺《まひ》という（①　　）をもった筆者が、東京の（②　　）に進学し、（③　　）をした経験から考えた（④　　）とは何か、ということ。

自立　大学　障がい　一人暮らし

得点UPポイント

考え方の「変化」に注目する！

☑ 障がいに対する世間の考え方の「変化」を読み取る。
☑ それによって、筆者の考え方や気持ちがどう「変化」したのかが重要である。

左の文章では、筆者が「社会に出る」きっかけとなる「変化」が表されているよ。

ぴたトレ 2 練習

自立とは「依存先を増やすこと」

タイムトライアル 8分

解答 p.12

1 読解問題

文章を読んで、問いに答えなさい。

教科書146ページ9行〜147ページ8行

ところが一九八〇年代に入ると、①脳性麻痺は治らないという医学論文が発表されたのです。そして、それに呼応するかのように障がいそのものに対する考え方が一八〇度変わり、「障がいは身体の中ではなく外にある」という考え方がスタンダードになりました。例えば、私が二階に行けないのは私の足に障がいがあるからではなく、エレベーターがないからだ。だから、社会や環境の側を改善していこう、と考えるわけです。

②こうした考えが広がると、街中で障がいをもつ人に出会う機会が格段に増えました。それまで私は常に親と二人三脚の生活をしてきたため、③「親がいなくなってしまったら自分も生きていかれなくなるのではないか。」という不安を幼い頃から抱えていました。ところが、街で見かける人の中には自分より重そうな障がいをもった人もいる。その人たちがありのままの姿で自由に暮らしているのを見て、「リハビリをしても治らないけれど、健常者にならなくても社会に出られるんだ。」という確信が芽生えたのです。

熊谷 晋一郎「自立とは『依存先を増やすこと』」
〈全国大学生活協同組合連合会ウェブサイト「大学生協の保障制度」の記事を書き改めたもの〉より

(1) ——線①「脳性麻痺は治らない」とありますが、これが医学的に認められ、世間の「障がい」に対する考え方は、どう変わりましたか。文章中から十六字で探し、最初の五字を抜き出しなさい。

□□□□□

ヒント 「考え方が一八〇度変わり」に着目しよう。

(2) ——線②「こうした考え」とは、障がいをもつ人のため、どうしようという考えですか。次から一つ選び、記号で答えなさい。

ア 気楽に外出できるように、皆で進んで介助しよう。
イ 行動しやすいように、社会や環境を改善しよう。
ウ 積極的に治療《ちりょう》を受けられるように、制度を整えよう。

（　）

ヒント ——線②の直前「〜と考える」の「〜」に着目しよう。

(3) ——線③『親がいなくなってしまったら自分も生きていかれなくなるのではないか。』という不安」とありますが、これは、どんなものに変化しましたか。四十三字で探し、最初と最後の五字を抜き出しなさい。(符号や句読点も字数に含む。)

□□□□□〜□□□□□

ヒント 障がい者の自由な様子を見て生じた気持ちを答えよう。

ぴたトレ 3 確認テスト

複数の情報を関連づけて考えをまとめる／共生社会に関するデータ
自立とは「依存先を増やすこと」

時間20分 ／100点 合格75点

解答 p.12

1 思考・判断・表現　文章を読んで、問いに答えなさい。

教科書147ページ9行～149ページ1行

それ以来、一人暮らしをしようと、強く思うようになりました。当然のことながら親は大反対し、母がついてくると言いました。それならば、親が容易には来られない場所に行くしかない。それで、①山口県から東京の大学に進学したのです。親は、「②社会というのは障がい者に厳しい。障がいをもったままの状態で一人で社会に出したら、息子はどうなってしまうのか。」と心配していたようです。でも、実際に一人暮らしを始めて私が感じたのは、「社会は案外優しい場所なんだ。」ということでした。

大学の近くに下宿していたのですが、部屋に戻ると必ず③友達が二、三人いて、「お帰り。」と迎えてくれました。いつのまにか合い鍵《かぎ》が八個も作られていて、みんなが代わる代わるやってきては好き勝手にご飯を作って食べていく。その代わり、私をお風呂《ふろ》に入れてくれたり、介助してくれたりしました。

(1) ――線①「山口県から東京の大学に進学した」とありますが、なぜ、こうしたのですか。次の□にあてはまる言葉を文章中から十一字で抜き出しなさい。 10点

・東京であれば、□から。

(2) ――線②「社会というのは障がい者に厳しい」とありますが、親のこの考えとは違い、筆者は、社会をどう感じましたか。文章中から七字で抜き出しなさい。 10点

(3) ――線③「友達が二、三人いて」とありますが、この友達の行動としてあてはまらないものを次から一つ選び、記号で答えなさい。 5点

ア 筆者を入浴させる。　イ 調理して筆者と一緒に食べる。
ウ 筆者の宿題を手伝う。　エ 筆者の動作の手助けをする。

(4) ――線④「外出時に見ず知らずの人にトイレの介助を頼んだ」とありますが、その結果を表す一文を探し、最初の五字を抜き出しなさい。 10点

よく出る (5) ――線⑤「医学の道を志すことを決めた」のは、なぜですか。「大勢」「介助」という二語を用いて書きなさい。 15点

(6) 筆者は一人暮らしを経験したことにより、どんなことを理解しましたか。文章中から四十五字で探し、最初の五字を抜き出しなさい。 10点

考える (7) ――線⑥「『依存先を増やしていくこと』こそが、自立なのです」とありますが、ここから筆者のどんな考えが読み取れますか。「相反するもの」という言葉を用いて、考えて書きなさい。 20点

また、④外出時に見ず知らずの人にトイレの介助を頼んだこともあります。たくさんの人が助けてくれました。こうした経験から次第に人や社会に関心をもつようになり、入学当初目指していた数学者ではなく、⑤医学の道を志すことを決めたのです。

それまで私が依存できる先は親だけでした。だから、親を失えば生きていけないのでは、という不安がぬぐえなかった。でも、一人暮らしをしたことで、友達や社会など、依存できる先を増やしていけば、自分は生きていける、自立できるんだということがわかったのです。

「自立」とは、依存しなくなることだと思われがちです。でも、そうではありません。⑥「依存先を増やしていくこと」こそが、自立なのです。これは障がいの有無にかかわらず、全ての人に通じる普遍的なことだと、私は思います。

熊谷　晋一郎「自立とは『依存先を増やすこと』」
〈全国大学生活協同組合連合会ウェブサイト「大学生協の保障制度」の記事を書き改めたもの〉より

2　——線のカタカナを漢字で書きなさい。　各5点

① キョウセイシャカイ。
② ソウゴに助け合う。
③ クルマイスを押す。
④ ニニンサンキャクの競技。

1							2			
(1)	(2)	(3)	(4)	(5)	(6)	(7)	①	②	③	④

ぴたトレ 1 要点チェック

文法の窓2 助詞・助動詞のはたらき
漢字を身につけよう⑥

解答 p.13

スタートアップ

助詞

- ☑ 付属語で活用のない単語。
- ☑ 単語と単語の関係を示したり、意味をつけ加えたりする。

格助詞	主に体言につき、他の言葉との関係を示す。
接続助詞	主に活用語につき、文が続くことを示す。
副助詞	さまざまな言葉につき、いろいろな意味を加える。
終助詞	主に文末につき、はたらきかけなどを示す。

助動詞

- ☑ 付属語で活用のある単語。
- ☑ 主に用言について、いろいろな意味をつけ加える。

例 運動しない。（打ち消し）　昨日雨が降った。（過去）
海で泳ぎたい。（希望）　これは私の本だ。（断定）
一緒に走ろう。（勧誘《かんゆう》）　弟に行かせる。（使役）

複数の意味をもつ助動詞

- ☑ 同じ形でも表す意味が違う助動詞に注意する。

例 去年の大会に出た。（過去）
やっと全員集まった。（完了）

1 新しく習った漢字

読み仮名を書きなさい。

① 探索（　）　② 威嚇（　）　③ 羞恥心（　）　④ 寛容（　）
⑤ 酪農（　）　⑥ 鎌（　）　⑦ 穂（　）　⑧ 刈る（　）
⑨ 釜飯（　）　⑩ 酢（　）　⑪ 煮る（　）　⑫ 臼歯（　）
⑬ 詰める（　）　⑭ 充填（　）　⑮ 結膜（　）　⑯ 皮膚（　）
⑰ 処方箋（　）　⑱ 解剖（　）　⑲ 脊椎（　）　⑳ 神業（　）

2 重要語句

正しい意味を下から選び、記号で答えなさい。

①（　）羞恥　ア 心が広くて人をよく受け入れること。
②（　）寛容　イ 物を詰めて空いている所をふさぐこと。
③（　）充填　ウ はずかしく思うこと。

文法の窓2 助詞・助動詞のはたらき

タイムトライアル 10分

解答 p.13

1 助詞について答えなさい。

――線の助詞の種類をあとから一つずつ選び、記号で答えなさい。

① 暑いから、少し窓を開けましょう。
② 私の趣味は音楽鑑賞です。
③ お母さんは今どこにいるの。
④ 彼こそ会長にふさわしい。

ア 格助詞 **イ** 接続助詞 **ウ** 副助詞 **エ** 終助詞

2 助動詞について答えなさい。

――線の助動詞の意味をあとから一つずつ選び、記号で答えなさい。

① 大急ぎでこちらに来させる。
② どうやらここには誰もいないらしい。
③ 私は一休みして、お茶を飲もう。
④ 兄が君に会いたがっているよ。
⑤ 今年の夏は暑くなるそうだ。
⑥ 向こうに見えるのが僕の家だ。
⑦ 壁にはったポスターを見る。
⑧ 今日は早朝の練習に参加しない。
⑨ これから発表を始めます。
⑩ 明日はよく晴れるだろう。

ア 希望 **イ** 断定 **ウ** 打ち消し **エ** 推量 **オ** 意志
カ 丁寧 **キ** 使役 **ク** 存続 **ケ** 推定 **コ** 伝聞

3 複数の意味をもつ助動詞について答えなさい。

――線の助動詞によって表される意味をあとから一つずつ選び、記号で答えなさい。

(1)
① お客様が来られる。 ② 僕なら全部食べられる。
③ 母にほめられる。 ④ 春の訪れが感じられる。

ア 受け身 **イ** 自発 **ウ** 可能 **エ** 尊敬

(2)
① 父のような仕事をしたい。 ② 雪のような白さだ。
③ 以前聞いたような気がする。

ア 推定 **イ** たとえ **ウ** 例示

1	2			3	
				(1)	(2)
①	①	⑤	⑨	①	①
②	②	⑥	⑩	②	②
③	③	⑦		③	③
④	④	⑧		④	

ぴたトレ 1 要点チェック

大《おお》阿《あ》蘇《そ》

三《み》好《よし》達《たつ》治《じ》

解答 p.13

1 これまでに習った漢字　読み仮名を書きなさい。

①描く（　　）
②捉える（　　）
③彼ら（　　）
④噴煙（　　）
⑤繰り返す（　　）
⑥浮かべる（　　）
⑦確認（　　）
⑧淡々（　　）
⑨継ぐ（　　）
⑩悠々（　　）

2 重要語句　正しい意味を下から選び、記号で答えなさい。

①（　）滾々《こんこん》
②（　）燦々《さんさん》
③（　）淡々
④（　）切々
⑤（　）脈々
⑥（　）悠々
⑦（　）揚々《ようよう》

ア　とだえずに力強く続く様子。
イ　誇《ほこ》らしいような様子。
ウ　ゆっくりと落ち着いている様子。
エ　美しく光り輝《かがや》く様子。
オ　こだわらずにあっさりしている様子。
カ　水などが湧《わ》き出てつきない様子。
キ　心のこもっている様子。

3 情景　（　）に入る言葉をあとから選んで書きなさい。

・阿蘇山を一望できる（①　　）の丘で、蕭々《しょうしょう》と降る（②　　）にぬれながら、（③　　）が静かにたって、（④　　）を食べている情景。

草　馬の群れ　雨　草千《くさせん》里浜《りはま》

得点UPポイント

表現技法に気をつけて、主題を読み取る！

☑ 表現技法によって生まれるリズムや、印象をおさえる。
☑ 作者の心情が表れている部分と結びつけて、主題は何かを考える。

この詩では、「〜いる」の繰り返しが、目の前の情景がいつまでも続く印象を与《あた》えているよ。

大阿蘇

タイムトライアル 8分

解答 p.13

1 読解問題

教科書の詩を読んで、問いに答えなさい。

教科書156ページ～157ページ

● 教科書156ページ「雨の中に馬が……

● 教科書157ページ……と降っている」

(1) 13行目「けじめもなしにつづいている」とありますが、何と何がつづいているのですか。詩の中からそれぞれ二字で抜き出しなさい。

［　　］と［　　］

ヒント 「空」で境目なく「つづいて」見えるものを答えよう。

(2) 詩に出てくる「たべている」では、どんな表現技法が用いられていますか。次から一つ選び、記号で答えなさい。

ア 倒置法　イ 擬人法

ウ 反復法　エ 体言止め

（　　）

ヒント 同じ言葉が繰り返されているよ。

(3) この詩の中で、作者の思いが表されている一行を探し、最初の五字を抜き出しなさい。

［　　　　　］

ヒント 作者の感動が込められた一行を行末に注目して探そう。

(4) この詩の主題を、次から一つ選び、記号で答えなさい。

ア 誰の生命でも皆平等に尊いということ。

イ 雄大《ゆうだい》な大自然が悠久なものであること。

ウ 限られた時間は貴重なものであること。

（　　）

ヒント 「主題」には、作者の感動が込められているよ。

ぴたトレ 1

要点チェック

言葉発見④ 類義語・対義語、多義語
漢字を身につけよう⑦

解答 p.13

1 新しく習った漢字 読み仮名を書きなさい。

① 咽喉科（　　）
② 麻酔《すい》（　　）
③ 謁見（　　）
④ 恭順（　　）
⑤ 満悦（　　）
⑥ 報酬（　　）
⑦ 嫉妬（　　）
⑧ 厳粛（　　）
⑨ 真摯（　　）
⑩ 窃盗（　　）
⑪ 陪審員（　　）
⑫ 婚姻（　　）
⑬ 披露宴（　　）
⑭ 真珠（　　）
⑮ 壱（　　）
⑯ 弐（　　）
⑰ 石高（　　）
⑱ 石灰（　　）
⑲ 反物（　　）
⑳ 商う（　　）
㉑ 京浜（　　）
㉒ 寿命（　　）
㉓ 操る（　　）

2 重要語句 正しい意味を下から選び、記号で答えなさい。

①（　　）謁見　　**ア** 命令につつしんで従う態度をとること。
②（　　）恭順　　**イ** 貴人または目上の人に会うこと。

スタートアップ

類義語

☑ 意味が似ている言葉。

例 「上がる」と「上る」　「祖父」と「おじいさん」

☑ 意味が完全に同じではない。

例 「食堂とレストランのどちらに行く？」と言える。

対義語

☑ 反対の意味になる言葉。

例 「右」と「左」　「悲しむ」と「喜ぶ」

☑ 観点によって、対義語は変わることがある。

例 「高い」の対義語
- 「値段」という観点では→「安い」
- 「位置」という観点では→「低い」

多義語

☑ 一語で複数の意味をもつ言葉。

例 勉強　①学問や技芸を学ぶこと。
②ある目的のため、修業や経験をすること。
③（商人が）商品の値段を安くして売ること。

☑ 基本的な意味（①）と派生的な意味（②・③）がある。

文全体から状況を捉えて多義語の意味を識別しよう。

言葉発見④ 類義語・対義語、多義語

タイムトライアル 10分

解答 p.14

1 **類義語について答えなさい。**

次の言葉の類義語をあとから一つずつ選び、記号で答えなさい。

① 方法　② 容易　③ 薄情　④ 同意
⑤ 短所　⑥ 我慢　⑦ 美点　⑧ 欠乏

ア 賛成　**イ** 欠点　**ウ** 不足　**エ** 簡単
オ 手段　**カ** 長所　**キ** 冷淡　**ク** 忍耐《にんたい》

2 **対義語について答えなさい。**

(1) 次の言葉の対義語をあとから一つずつ選び、記号で答えなさい。

① 理想　② 創造　③ 温暖　④ 原則
⑤ 一般　⑥ 自立　⑦ 現在　⑧ 明示

ア 依存　**イ** 暗示　**ウ** 模倣《もほう》　**エ** 過去
オ 例外　**カ** 現実　**キ** 特殊　**ク** 寒冷

(2) 次の――線の言葉の対義語をあとから一つずつ選び、記号で答えなさい。（記号は一度しか使えません。）

① Ⅰ 服を脱ぐ。　Ⅱ 靴《くつ》を脱ぐ。　Ⅲ 帽子を脱ぐ。
② Ⅰ ドアが開く。　Ⅱ 目を開く。　Ⅲ 差が開く。

ア 閉じる　**イ** 履く　**ウ** 縮む　**エ** 閉まる
オ かぶる　**カ** 着る

3 **多義語について答えなさい。**

次の文中の――線「回す」は、それぞれどういう意味で使われていますか。あとから一つずつ選び、記号で答えなさい。

① 貯金の一部を生活費に回す。
② 指先で帽子を回す。
③ 迎えの車を正面玄関に回す。
④ 少ない資金で会社を回す。

ア あるところを中心にして円を描くように動かす。
イ 必要とする者のもとへさし向ける。
ウ ある用途に割り当てる。
エ 業務や組織などを運営する。

1		2				3
①	⑤	(1) ①	(1) ⑤	(2) ①	(2) ②	①
				Ⅰ	Ⅰ	
②	⑥	②	⑥			②
				Ⅱ	Ⅱ	
③	⑦	③	⑦			③
				Ⅲ	Ⅲ	
④	⑧	④	⑧			④

ぴたトレ 1 要点チェック

小さな手袋

（読み方を学ぼう⑥ 象徴）

内海《うつみ》 隆一郎《りゅういちろう》

解答 p.14

1 新しく習った漢字

読み仮名を書きなさい。

①繁茂（　　） ②妖精（　　） ③小柄（　　） ④膝（　　）
⑤手提げ（　　） ⑥瞳（　　） ⑦娘（　　） ⑧黒靴（　　）
⑨震える（　　） ⑩伏し目（　　） ⑪晩酌（　　） ⑫三棟（　　）
⑬診療所（　　） ⑭小児科（　　） ⑮末尾（　　） ⑯滞留（　　）
⑰漂う（　　） ⑱儀式（　　） ⑲衝撃（　　） ⑳薬剤室（　　）
㉑抑える（　　） ㉒範囲（　　） ㉓漏れる（　　） ㉔輝く（　　）

2 重要語句

正しい意味を下から選び、記号で答えなさい。

①（　　）おもかげ
②（　　）うっそう

ア 樹木が茂ってあたりが薄暗い様子。
イ 実際に目の前にあるように心に浮かぶ姿。

3 主な登場人物

登場人物の説明に合う言葉をあとから選んで書きなさい。

・シホ……物語の（①　　）。
・おばあさん……右手と右足が不自由で（②　　）中。
・「私」……シホの（③　　）、物語の（④　　）手。

父親　語り　入院　主人公

得点UPポイント

場面の状況と人物の様子に注目する！

☑「いつ・どこで・だれが・どうした」のかを読み取る。
☑そのときの人物はどんな様子であったかを、具体的に捉える。

左の文章は、シホがおばあさんに出会う場面。おばあさんの不思議な様子をおさえよう。

ぴたトレ 2 練習

小さな手袋

（読み方を学ぼう⑥ 象徴）

タイムトライアル 8分

解答 p.14

1 読解問題 文章を読んで、問いに答えなさい。

教科書163ページ2行～15行

六年前の秋、この雑木林で、私の次女が年老いた妖精に出会った。

そのとき、シホは小学三年生だった。

「ほんとよ。絶対、いたんだからあ。」

十月半ばの午後、近所の友達が飼い犬の運動に行くのにつき合って、シホは林へ行ったのだそうだ。

林の中で鎖を放したら、犬は深く積んだ落ち葉を蹴散らして突っ走っていったきり戻ってこない。友達と二手に分かれて、犬の名を呼びながら、林の中を探し回った。

すると、いきなりシホの眼前に、その妖精が現れたのだそうだ。

一本の木が地面のすぐ上から曲がって、地をはうように伸びている――その幹に、①小柄なおばあさんが、②ちょこんと腰掛けていた。焦げ茶色の大きなショールに包まれて、膝の上には太い編み棒と毛糸の入った手提げ籠《かご》があった。

髪は真っ白、小さな顔も真っ白で、子供のようなくりくりした黒い瞳がじっと娘を見つめていた。その体が余りに小さいので、長めのスカートからのぞいている黒靴の爪先《つまさき》が地面から高く離れていたそうだ。

内海 隆一郎「小さな手袋」〈『人々の忘れもの』〉より

(1) 小学三年生だったシホがおばあさんに出会ったのは、「いつ」「どうした」ときですか。それがよくわかる一文を文章中から探して、最初の五字を抜き出しなさい。

ヒント 「季節」「場所」「同行者」に注意しよう。

(2) ――線①「小柄なおばあさん」のことを、シホは何だと思いましたか。文章中から六字で抜き出しなさい。

ヒント 不思議な雰囲気を「何」にたとえているか、答えよう。

(3) ――線②「ちょこんと腰掛けていた」とありますが、このとき、おばあさんはどんな様子で、何をしていましたか。次から一つ選び、記号で答えなさい。

ア 焦げ茶色の大きなショールにくるまり、居眠りをしていた。

イ 高い木の幹に座って足を浮かして、編み物を習っていた。

ウ 髪と顔は真っ白だが丸い瞳は黒くて、シホを凝視していた。

（　　）

ヒント おばあさんの服装、容姿、行動を丁寧に読み取ろう。

ぴたトレ 3 確認テスト①

小さな手袋

時間20分　／100点　合格75点

解答 p.14

1 思考・判断・表現　文章を読んで、問いに答えなさい。

教科書166ページ10行〜167ページ19行

紙に包んだ二人分のおやつを、ときおり妻が持たせてやっていた。お菓子の本や家庭医学の本と首っぴきで、①高血圧の人に影響のなさそうな菓子を、妻は真剣になって作った。

実は、その頃、妻の父も脳卒中で倒れていたのである。東北に住む病父が、まもなく訪《おとず》れる厳寒の冬を無事に乗りきれるかどうか、大いに危ぶまれていた。

「おばあちゃんがねえ、こんなにおいしいお菓子を作ってくれるお母さんに、ぜひお会いしたいねえって。足が治ったら、きっとお礼に伺いますって……。」

「そうねえ。そのうちお母さんがご挨拶に行かなくちゃね。シホちゃんがとてもかわいがっていただいてるんだしねえ。」

と、妻は遠くを見る目をして言った。

十一月中旬、妻の父が二度めの脳卒中の発作を起こした。妻は、とりあえず単身、父親の病床へ駆けつけた。

私と娘は、妻からの知らせを待つことになった。いつでも、すぐに駆けつけることができるように準備していた。

その間、シホは遠慮《えんりょ》がちに雑木林へ出かけた。そして、②短い時間で帰ってきた。おばあさんからも「お大事に。」という伝言をもらってきた。

---

(1) ――線①「高血圧……作った」について、次の問いに答えなさい。

① 誰のために、こうしたのですか。文章中から一語で抜き出しなさい。　10点

② このとき、①はある人物を重ねていたと考えられます。それは、誰ですか。文章中から三字で抜き出しなさい。　10点

(2) ――線②「短い時間で帰ってきた」のは、シホがどうする立場にいたからですか。次から一つ選び、記号で答えなさい。　5点

ア 母の代わりに家事をする。　**イ** おばあさんの伝言を預かる。

ウ 母からの知らせを待つ。　**エ** 病床の祖父に電話をかける。

(3) ――線③「私たちが列車に乗らなければならない日がやってきた」とありますが、これは、どんなことを意味していますか。「シホ」「死去」という二語を用いて書きなさい。　10点

よく出る

(4) ――線④「シホの変化」について、次の問いに答えなさい。

① 「おばあさん」に対する行動の「変化」は、どう表現されていますか。文章中から十字以内で抜き出しなさい。　10点

② この「変化」が起きたのは、どうしてですか。次の□にあてはまる言葉を、Ⅰは一字、Ⅱは三字で文章中から抜き出しなさい。　各10点

・初めての身近な人の[Ⅰ]によって、心に[Ⅱ]を受けたから。

考える

(5) ――線⑤「私たちには……できなかった」とありますが、ここから「私」や「妻」のどんな思いが読み取れますか。「おばあさん」「刺激」という二語を用いて、考えて書きなさい。　15点

やがて、③私たちが列車に乗らなければならない日がやってきた。シホにとっては、初めて体験する身内の不幸であった。幼いときから親しんだ祖父との別れは、小さな胸にも深い傷を刻んだようだ。

いつもは活発な笑い声をたてている子が、大人のような暗い顔をしているのは痛々しかった。別れのための儀式が執り行われている間中、娘はうつむき続けた。

娘の中で、何かが変化したのを、私は目撃したように思った。実は祖父の死というものが、これほどの衝撃を九歳の子供に与《あた》えるとは、私は予想もしなかったのである。

④シホの変化は、そのまま雑木林のおばあさんとの交際にもつながった。東北から帰ってきてから、シホはまるでおばあさんのことを忘れたように雑木林から遠のいた。

それがきわめて自然だったので、私も妻も顔を見合わせただけでひと言もふれなかった。おばあさんがシホを心待ちにしているだろうことは察せられた。

しかし、⑤私たちにはそのときの娘の心に立ち入ることはどうしてもできなかった。もしかしたら、シホはおばあさんのことを本当に忘れてしまったのかもしれない。そのような自然さだった。

内海 隆一郎「小さな手袋」〈『人々の忘れもの』〉より

2 ――線のカタカナを漢字で書きなさい。

① 雑草がハンモする。　② 森のヨウセイが歌う。

③ 妹はコガラだ。　④ ヒザを折って座る。

各5点

1								2	
(1)		(2)	(3)	(4)			(5)	①	③
①	②			①	②				
					Ⅰ	Ⅱ		②	④

ぴたトレ 3 確認テスト②

小さな手袋

時間20分 ／100点 合格75点

解答 p.15

1 思考・判断・表現　文章を読んで、問いに答えなさい。

教科書169ページ6行〜170ページ18行

　修道女の話によると、シホが会いにこなくなってから一か月ほど、おばあさんは①毎日のように雑木林に行って待っていたのだそうだ。そのうちに十二月の半ばが過ぎて、寒気が厳しくなったので、病院では外出を許さないようにした。今にきっと、シホちゃんは病院のほうに来てくれるわよ、と修道女たちはおばあさんをなだめるばかりだった、という。

　クリスマスの近づいたある日。おばあさんは修道女に泣いて頼んだそうだ。――シホちゃんに渡したいものがあるから、どうしても探してほしい。②これを渡すだけでいいのだから、見つけて連れてきてください。

「宮下さんは、よほどシホちゃんが好きだったのね。――私たちは手分けして、この辺り一帯を探しました。でも、このカルテのご住所を見ると、探した範囲からはだいぶ離れているようねえ。」

　修道女はため息をついて、小さく笑った。そして、ちょっと待ってね、と言いおいて薬剤室へ入っていった。しばらくしてから、彼女は茶色の袋を持って現れた。

「これ、そのときの宮下さんからシホちゃんへのクリスマスプレゼントなのよ。あのあと、私が預かっていました。」

　二年以上も、とつぶやきながら、シホは袋を開けてみた。手袋だった。赤と緑の毛糸で編んだミトンのかわいい手袋だった。

(1) ――線①「毎日の……待っていた」とありますが、何を待っていたのですか。次の□にあてはまる言葉を文章中の言葉を用いて八字以内で書きなさい。　10点

・シホが□こと。

(2) ――線②「これ」とは、何を指していますか。文章中から二十字で探し、最初の五字を抜き出しなさい。　5点

(3) ――線③「あの不自由な手で、一か月半もかかって……」とありますが、大変なことだった様子がよくわかる表現を文章中から三十三字で探し、最初の五字を抜き出しなさい。　5点

よく出る

(4) ――線④「小さな手袋」は、Ⅰ「おばあさん」、Ⅱ「シホ」にとって、何を象徴していますか。次の□にあてはまる言葉を、あとから一つずつ選び、記号で答えなさい。　各5点

・シホへの深いⅠ　・自分の幼い行動へのⅡ

ア 感激　イ 愛情　ウ 共感　エ 喜び　オ 後悔

(5) 修道女の話を聞いたシホの心情が、明るい希望へと変わった様子が読み取れる一文を探し、最初の五字を抜き出しなさい。　10点

(6) ――線⑤「大連へ帰ってしまった」について、次の問いに答えなさい。　各10点

① これは、どんなことを表していますか。次の□にあてはまる言葉をⅠは五字、Ⅱは四字、Ⅲは六字で文章中から抜き出しなさい。

・昔Ⅰ大連に今もⅡと思いこむほど、おばあさんのⅢなっていること。

考える

② これを聞いたときのシホの気持ちを想像して書きなさい。

「それはね、宮下さんがシホちゃんにないしょで、毎晩少しずつ編んだものなのよ。③あの不自由な手で、一か月半もかかって……。」

手袋は、それほど長い日数をかけたにしては、余りに小さかった。普通の五倍も時間がかかるという苦しい思いをして、ようやく編みあげた手袋だった。

シホは、④小さな手袋を両手に包み、顔を強く押しつけた。かすかなおえつが漏れ出た。

「それで、」と私が代わりに聞いた。「宮下さんは、今どうなさっていますか。」

「はい、お元気ですよ。まだ、この病院に入院していらっしゃいます。」

シホが顔を上げた。涙でぬれた目が輝いた。

「会いたい。会ってもいいですか。」

シホは、すぐさま走りだそうという気配を見せた。それを修道女が静かに押しとどめた。

「会ってもしかたありません。もうシホちゃんが誰なのか、わからないんですよ。この一年ほどで、急にぼけが激しくなりましてね。……しきりに大連《だいれん》のことばかり話しています。周りの人を、みんな大連に住んでいたときの近所の人だと思いこんでね。ご本人は大連にいるんだって思っているんでしょうね。」

「大連に……。」

「そう。宮下さんは、もう⑤大連へ帰ってしまったんですよ。昔の大連にね。」

内海 隆一郎「小さな手袋」〈『人々の忘れもの』〉より

2 ――線のカタカナを漢字で書きなさい。 各5点

① 寒さでフルえる。 ② 父がバンシャクをする。

③ 番号のマツビを見る。 ④ よい香りがタダヨう。

1									2			
(1)	(2)	(3)	(4)		(5)	(6)				①	③	②	④
			I	II		① I	① II	① III	②				

ぴたトレ 1 要点チェック

動物園でできること
（読み方を学ぼう⑦ 例示）

奥山《おくやま》 英登《ひでと》

解答 p.16

1 新しく習った漢字 読み仮名を書きなさい。

①（　　）老若《ろうにゃく》男女
②（　　）訪れる
③（　　）及ぶ
④（　　）実践
⑤（　　）与える
⑥（　　）家畜
⑦（　　）衣装
⑧（　　）腕
⑨（　　）施設
⑩（　　）試行錯誤
⑪（　　）繁殖
⑫（　　）狩り
⑬（　　）草食獣
⑭（　　）幻想的
⑮（　　）誇らしい
⑯（　　）崖
⑰（　　）柵

2 重要語句 正しい意味を下から選び、記号で答えなさい。

①（　　）従事
②（　　）圧巻
③（　　）感嘆
④（　　）繁殖

ア 全体の中で最も優れた部分。
イ 感心してほめたたえること。
ウ 動植物が新しく生まれて増えること。
エ ある仕事にたずさわること。

3 筆者の立場 （　）に入る言葉をあとから選んで書きなさい。

・筆者は、動物園で（①　　）をしながら、今ある「（②　　）の場」に「（③　　）の場」を結びつけて両立させるという、動物園の大きな（④　　）に取り組んでいる。

課題　学び　楽しみ　飼育係

得点UPポイント

中心の話題を捉える！

☑ 繰り返し出てくる言葉に注目する。
☑「何」について「どうである」と説明されているかを読み取る。

左の文章では、「動物園の四つの役割」について、一つずつ説明を進めているよ。

ぴたトレ **2**

練習

動物園でできること

（読み方を学ぼう⑦ 例示）

タイムトライアル 8分

解答 p.16

1 読解問題 文章を読んで、問いに答えなさい。

教科書182ページ7行～183ページ7行

けれども、動物園には、レクリエーションの場を提供することの他にも重要な役割がある。

①二〇世紀以降、野生動物たちの生活の場である自然環境が急速に悪化し、多くの種類の動物が絶滅の危機にひんしている。そのような中で、動物園は、野生動物を保護し、次の世代へ伝える役割を担《にな》っている。また、そのために必要な、野生動物についての調査や研究も動物園の役割の一つである。

更には、②野生動物や自然環境について学ぶ場を人々に提供することも、動物園の大切な役割だ。人間を含めた地球上の生き物たちは、なんらかの形でつながり合い、複雑で多様なしくみを築きあげている。生きて動く野生動物を目の前にしながら、彼らと彼らが暮らす環境のことを理解し、彼らとともに生きることの意味や大切さについて学ぶことができるのが動物園なのである。

このように、動物園には③四つの大きな役割がある。それらは互いに関連し合っており、どれも重要なものであるが、残念なことに、レクリエーションの場を提供すること以外の役割については、人々に余り知られていない。動物園としても、それらの役割があること自体を十分に伝えきれていないといわれている。

奥山 英登「動物園でできること」より

(1) ——線①「二〇世紀以降」とありますが、この時代、動物は何に直面していますか。文章中から五字で抜き出しなさい。

ヒント 「自然環境の悪化」で動物がどうなっているか、答えよう。

(2) ——線②「野生動物や自然環境について学ぶ」とありますが、何のために学ぶのですか。次の□にあてはまる言葉を文章中から十五字で探して、最初の五字を抜き出しなさい。

・人間が動物と□について考えるため。

ヒント 野生動物を「彼ら」と表現している一文に着目しよう。

(3) ——線③「四つの大きな役割」のうちの一つにあてはまるものは、どれですか。次から一つ選び、記号で答えなさい。

ア 野生動物についての調査や研究をすること。
イ 急速に悪化している自然環境を保護すること。
ウ 野生動物を自然に帰すための活動をすること。

（　　）

ヒント 野生動物の「保護」に必要なことは何かを読み取ろう。

ぴたトレ 3 確認テスト

動物園でできること

時間20分

／100点

合格75点

解答 p.16

1 思考・判断・表現　文章を読んで、問いに答えなさい。

教科書187ページ12行〜189ページ5行

三つめの例として、私が飼育係を七年間務めてきたエゾシカ①の展示を紹介したい。エゾシカは日本最大の草食獣であり、日本の四季に合わせた姿を見せる。春から夏にかけて、まさに鹿《か》の子《こ》まだらの美しい夏毛に生え替わり、オスは角を落とし、メスは子を産む。秋を迎えると、オスは新たに立派な角を生やして恋の季節を迎え、メスをめぐる闘争を展開する。冬はエゾシカにとって厳しい季節ではあるが、真っ白な雪の大地に冬毛のエゾシカのコントラストが幻想的ですらある。②そのような姿に、私は飽きることがなかった。そして、こんなにすばらしい野生の動物と、この国でともに生きているということを誇らしくさえ思ってきた。

だから、来園者の声の中でつらかったのは、「エゾシカなんて見飽きたよ」「憎たらしい」という言葉だった。確かにエゾシカは、北海道では出会う機会の多い野生動物で、むしろ、その増加が農林業被害や衝突事故で問題になっている害獣でもある。被害を受けた人にとってみれば憎たらしくも見えるだろう。これが例えば、わが国においては動物園でしか見ることのできないジャイアントパンダであれば、来園者から「見飽きた」などという声は出ないだろう。けれども、どちらの動物も地球上の生物の豊かさを構成している一員であり、その点でエゾシカとジャイアントパンダに違いはないはずだ。

(1) ——線①「エゾシカ」について、次の問いに答えなさい。

① 筆者の「エゾシカ」に対する思いが最もよく表れている一文を探し、最初の五字を抜き出しなさい。　10点

② 筆者は、「エゾシカ」に対する来園者のどんな声が気になりましたか。文章中から二つ探し、それぞれ一語ずつで抜き出しなさい。　各5点

(2) ——線②「そのような姿」とありますが、どんな姿ですか。まとめて表現している言葉を文章中から十一字で探し、最初の五字を抜き出しなさい。　10点

(3) ——線③「オランウータンもペンギンもエゾシカも」とありますが、これらの動物はどんな存在であると筆者は捉えていますか。文章中から十九字で探し、最初の五字を抜き出しなさい。　10点

(4) よく出る　——線④「野生動物としての魅力を引き出す展示」について、次の問いに答えなさい。

① エゾシカについて、このような展示を行うために、筆者はどんなことをしましたか。二つ書きなさい。　各10点

② 筆者は何のために、このような展示を行ったのですか。次から一つ選び、記号で答えなさい。　5点

ア 問題になっている農林被害や衝突事故をなくすため。

イ エゾシカを人気者にして来園者数を増加させるため。

ウ 野生動物について学ぶ気持ちを来園者から引き出すため。

(5) 考える　——線⑤「大いに楽しみ大いに学んでもらいたい」から、筆者はどんなことを願っているとわかりますか。「人間」「共生」という二語を用いて、考えて書きなさい。　15点

エゾシカは、ヒトにはとてもできないようなハイジャンプや崖登りをいとも簡単にやってのける、すばらしい能力をもった動物だ。そのときの姿は、しなやかで美しい。「パンダに負けないすごいところをみんなに見せてあげよう」と、私はエゾシカたちに心の中で声をかけ、岩山の上に登ってくるように餌の与え方を工夫したり、ハイジャンプができるように柵を設置したりして、その魅力を来園者に伝えようとしてきた。そして、彼らとともに生きていることの意味やその大切さについて紹介し続けてきた。

　このように、③オランウータンもペンギンもエゾシカも、それ以外の動物の場合でも、④野生動物としての魅力を引き出す展示を行い、彼らについて解説することを心がけてきた。美しく、しなやかで、たくましく、ダイナミックで、ときには恐ろしい野生動物の姿と行動には、どんな人でも魅了されるにちがいない。その驚きと不思議に満ちあふれた感動の体験は、彼らのことをもっと知りたい、彼らの環境を守りたいという気持ちを引き起こし、動物園が「楽しみの場」であるとともに、豊かな「学びの場」となる可能性を広げてくれるにちがいない。

　ぜひ、いろいろな動物園を何度も繰り返し訪ねてほしい。そこで⑤大いに楽しみ大いに学んでもらいたい。その学びが、野生動物と私たちがこの地球上でともに幸せに生きる道をひらく力になると私は信じている。

奥山　英登「動物園でできること」より

2 ――線のカタカナを漢字で書きなさい。　各5点

① 試合が三時間にオヨぶ。

② カチクの世話をする。

③ ウデを曲げる。

④ 野鳥がハンショクする。

1 (1) ①	1 (1) ②	1 (2)	1 (3)	1 (4) ①	1 (4) ②	1 (5)	2 ①	2 ②	2 ③	2 ④

ぴたトレ 1 要点チェック

漢字のしくみ2 熟語の読み
漢字を身につけよう⑧

解答 p.17

1 新しく習った漢字 読み仮名を書きなさい。

① 朱色（　　）　② 喪中（　　）　③ 年俸（　　）　④ 碁石（　　）
⑤ 軒先（　　）　⑥ 桟橋（　　）　⑦ 枠内（　　）　⑧ 紙幣（　　）
⑨ 惰性（　　）　⑩ 斬新（　　）　⑪ 傑作（　　）　⑫ 曖昧（　　）
⑬ 一抹（　　）　⑭ 摩擦（　　）　⑮ 弊害（　　）　⑯ 弾劾（　　）
⑰ 更迭（　　）　⑱ 侮辱（　　）　⑲ 憤慨（　　）　⑳ 紛糾（　　）
㉑ 閲覧（　　）　㉒ 但し（　　）　㉓ 汎用（　　）　㉔ 体裁（　　）

2 重要語句 正しい意味を下から選び、記号で答えなさい。

①（　　）憤慨
②（　　）紛糾

ア 激しく腹を立てること。
イ 物事がまとまらず、ごたごたすること。

スタートアップ

重箱読《じゅうばこ》み

☑ 二字熟語の読み方で「重箱（ジュウ‐ばこ）」と同じような読み方をするもの。
☑「音読み＋訓読み」になっている。
例 番組（バン‐ぐみ）　仕事（シ‐ごと）

湯桶《ゆとう》読み

☑ 二字熟語の読み方で「湯桶（ゆ‐トウ）」と同じような読み方をするもの。
☑「訓読み＋音読み」になっている。
例 手帳（て‐チョウ）　荷物（に‐モツ）

同音異義語

☑ 発音は同じだが、意味が異なる別の熟語。
☑ 同じ文中の前後の言葉に注意して、適切な熟語を使う。
例 カクシン
・勝利を確信する。
・問題の核心に迫る。
・革新政党が躍進する。

文全体の意味をしっかり捉えて、使い分けよう。

1 重箱読みについて答えなさい。

(1) 次の熟語の読み仮名を書きなさい。

① 本音　② 縁側　③ 客間
④ 雑木　⑤ 新型　⑥ 土手

(2) 次の熟語から「重箱読み」のものを全て選び、記号で答えなさい。

ア 読書　**イ** 台所　**ウ** 青空
エ 本屋　**オ** 新顔　**カ** 乗車

2 湯桶読みについて答えなさい。

(1) 次の熟語の読み仮名を書きなさい。

① 家賃　② 合図　③ 頭金
④ 手本　⑤ 高台　⑥ 雨具

(2) 次の熟語から「湯桶読み」のものを全て選び、記号で答えなさい。

ア 夕刊　**イ** 受付　**ウ** 身分
エ 断片　**オ** 場所　**カ** 露出

3 同音異義語について答えなさい。

意味の違いに注意して、――線の言葉を漢字で書きなさい。

(1)
① 今日は母のキゲンが悪い。
② 人類のキゲンについて調べる。

(2)
① 他国の政治にカンショウする。
② 趣味は音楽カンショウだ。

(3)
① 十年後の自分をソウゾウする。
② ソウゾウ的な仕事をする。

タイムトライアル 10分

解答 p.17

1 (1) ①	1 (1) ②	1 (1) ③	1 (1) ④	1 (1) ⑤	1 (1) ⑥	1 (2)

2 (1) ①	2 (1) ②	2 (1) ③	2 (1) ④	2 (1) ⑤	2 (1) ⑥	2 (2)

3 (1) ①	3 (1) ②	3 (2) ①	3 (2) ②	3 (3) ①	3 (3) ②

ぴたトレ 1
要点チェック

走れメロス（読み方を学ぼう⑧　心内語）

太宰《だざい》 治《おさむ》

解答 p.17

1 新しく習った漢字　読み仮名を書きなさい。

①暴虐（　） ②敏感（　） ③花婿（　） ④花嫁（　）
⑤警吏（　） ⑥眉間（　） ⑦嘲笑（　） ⑧命乞い（　）
⑨亭主（　） ⑩新郎（　） ⑪宣誓（　） ⑫今《こ》宵（　）
⑬酔う（　） ⑭拳（　） ⑮氾濫（　） ⑯橋桁（　）
⑰山賊（　） ⑱殴り倒す（　） ⑲欺く（　） ⑳醜い（　）
㉑全裸体（　） ㉒徐々に（　） ㉓抱擁（　） ㉔妄想（　）

2 重要語句　正しい意味を下から選び、記号で答えなさい。

①（　）いきりたつ　　**ア** おじけづいて気持ちが弱くなる。
②（　）ひるむ　　**イ** 激しく怒って興奮する。

3 主な登場人物　登場人物の説明に合う言葉をあとから選んで書きなさい。

・メロス…（①　）には人一倍敏感な村の牧人。
・ディオニス…人民の（②　）を疑って殺す暴君。
・セリヌンティウス…石工で、メロスの（③　）の友。

忠誠　未練　邪悪　竹馬

得点UPポイント

会話文や様子の描写から人物の考えを読み取る！

☑ 会話文には人物の考えが最も直接的に表れる。
☑ 人物の動作、態度、表情にも、そのときの心情や考え方などが表れる。

左の文章で、「メロス」と「王」が人間の心について、正反対の考えをもっていることがわかるよ。

走れメロス（読み方を学ぼう⑧ 心内語）

タイムトライアル 8分

解答 p.17

1 読解問題 文章を読んで、問いに答えなさい。

教科書202ページ4行～18行

「この短刀で何をするつもりであったか。言え！」暴君ディオニスは静かに、けれども威厳をもって問いつめた。その王の顔は蒼白《そうはく》で、眉間のしわは、刻みこまれたように深かった。

「町を暴君の手から救うのだ。」とメロスは悪びれずに答えた。

「おまえがか？」王は、憫笑《びんしょう》した。「しかたのないやつじゃ。おまえには、①わしの孤独《こどく》がわからぬ。」

「言うな！」とメロスは、いきりたって反駁《はんばく》した。「②人の心を疑うのは、最も恥ずべき悪徳だ。王は、民の忠誠をさえ疑っておられる。」

「疑うのが、正当な心構えなのだと、わしに教えてくれたのは、おまえたちだ。人の心は、あてにならない。人間は、もともと私欲のかたまりさ。信じては、ならぬ。」暴君は落ち着いてつぶやき、ほっとため息をついた。「わしだって、平和を望んでいるのだが。」

「なんのための平和だ。自分の地位を守るためか。」今度は③メロスが嘲笑した。「罪のない人を殺して、なにが平和だ。」

「黙れ。」王は、さっと顔を上げて報いた。「口では、どんな清らかなことでも言える。わしには、人のはらわたの奥底が見えすいてならぬ。おまえだって、今に、はりつけになってから、泣いてわびたって聞かぬぞ。」

太宰 治「走れメロス」〈『太宰治全集3』〉より

(1) ――線①「わしの孤独がわからぬ」とありますが、「孤独」は王のどんな様子に表れていますか。それがよくわかる一文を文章中から探して、最初の五字を抜き出しなさい。

ヒント 「蒼白」「眉間のしわ」「深かった」に注目しよう。

(2) ――線②「人の心を疑う」ことについて、メロスと王はどのような考えをもっていますか。文章中から八字と六字で抜き出しなさい。

メロス

王

ヒント 会話文の「疑うのは（が）」に続く内容に着目しよう。

(3) ――線③「メロスが嘲笑した」のは、王のどのような点に気づいたからですか。次から一つ選び、記号で答えなさい。

ア 人民の平和を追求しながら、自分の立場を見失っている点。
イ 平和を望むと言いながら、実際の行動が全くそぐわない点。
ウ 平和を実現することで、人民の人気を得ようとしている点。

（　　）

ヒント 「なんのための平和だ。」と言っている理由を考えよう。

ぴたトレ 3

確認テスト①

走れメロス

時間20分

／100点

合格75点

解答 p.17

1 思考・判断・表現

文章を読んで、問いに答えなさい。

教科書210ページ19行〜212ページ8行

ふと耳に、潺々《せんせん》、水の流れる音が聞こえた。そっと頭をもたげ、息をのんで耳を澄ました。すぐ足もとで、水が流れているらしい。よろよろ起き上がって、見ると、岩の裂《さ》けめから滾々《こんこん》と、なにか小さくささやきながら清水が湧《わ》き出ているのである。その泉に吸い込まれるようにメロスは身をかがめた。水を両手ですくって、ひと口飲んだ。ほうと長いため息が出て、夢から覚めたような気がした。①歩ける。行こう。肉体の疲労回復とともに、僅《わず》かながら②希望が生まれた。義務遂行の希望である。わが身を殺して、名誉を守る希望である。③斜陽は赤い光を、木々の葉に投じ、葉も枝も燃えるばかりに輝いている。日没までには、まだ間がある。私を、待っている人があるのだ。少しも疑わず、静かに期待してくれている人があるのだ。私は、信じられている。私の命なぞは、問題ではない。死んでおわび、などと気のいいことは言っておられぬ。私は、信頼に報いなければならぬ。④今はただその一事だ。走れ！　メロス。

(1) ――線①「歩ける。行こう」について、次の問いに答えなさい。

① こう思えたのは、何を実感しているからですか。文章中から四字で抜き出しなさい。　10点

② こう思えたきっかけとなる行動は、何ですか。それが最もよくわかる一文を探し、最初の五字を抜き出しなさい。　10点

(2) ――線②「希望」とありますが、どんな希望ですか。文章中から二つ抜き出しなさい。　各10点

(3) ――線③「斜陽は赤い光を、木々の葉に投じ、葉も枝も燃えるばかりに輝いている」という描写は、メロスがどうしたことを表現していますか。次から一つ選び、記号で答えなさい。　5点

ア 王に対する怒りがよみがえったこと。

イ 約束を果たす希望がわいてきたこと。

ウ 友を捨てて自分が生きる道を選んだこと。

よく出る

(4) ――線④「今はただその一事だ」とありますが、「一事」とは、どのようなことですか。文章中の言葉を用いて、十字以内で書きなさい。　10点

(5) ――線⑤「急げ、メロス」とありますが、メロスが速く走っている様子をたとえの表現で描写している一文を探し、最初の五字を抜き出しなさい。　10点

考える

(6) ――線⑥「塔楼は、夕日を受けてきらきら光っている」とありますが、この描写は、メロスがどういう希望をもっていることを表していますか。「日没」「シラクス」という二語を用いて、考えて書きなさい。　15点

私は信頼されている。私は信頼されている。先刻の、あの悪魔のささやきは、あれは夢だ。悪い夢だ。忘れてしまえ。五臓が疲れているときは、ふいとあんな悪い夢を見るものだ。メロス、おまえの恥ではない。やはり、おまえは真の勇者だ。再び立って走れるようになったではないか。ありがたい！　私は、正義の士として死ぬことができるぞ。ああ、日が沈む。ずんずん沈む。待ってくれ、ゼウスよ。私は生まれたときから正直な男であった。正直な男のままにして死なせてください。

道行く人を押しのけ、跳ね飛ばし、メロスは黒い風のように走った。野原で酒宴の、その宴席のまっただ中を駆け抜け、酒宴の人たちを仰天させ、犬を蹴飛ばし、小川を飛び越え、少しずつ沈んでゆく太陽の、十倍も速く走った。一団の旅人とさっとすれ違った瞬間、不吉な会話を小耳にはさんだ。「今頃は、あの男も、はりつけにかかっているよ。」ああ、その男、その男のために私は、今こんなに走っているのだ。その男を死なせてはならない。⑤急げ、メロス。遅れてはならぬ。愛と誠《まこと》の力を、今こそ知らせてやるがよい。風態《ふうてい》なんかは、どうでもいい。メロスは、今は、ほとんど全裸体であった。呼吸もできず、二度、三度、口から血が噴き出た。見える。はるか向こうに小さく、シラクスの町の塔楼が見える。⑥塔楼は、夕日を受けてきらきら光っている。

太宰 治「走れメロス」〈『太宰治全集3』〉より

2 ——線のカタカナを漢字で書きなさい。　各5点

① ビンカンに反応する。　② ハナムコの姿。

③ 店のテイシュと話す。　④ 父が酒にヨう。

1 (1) ①	1 (1) ②	1 (2)	1 (3)	1 (4)	1 (5)	1 (6)	2 ①	2 ②	2 ③	2 ④

ぴたトレ 3

確認テスト②

走れメロス

1 思考・判断・表現　文章を読んで、問いに答えなさい。

教科書213ページ8行〜215ページ5行

言うにや及ぶ。まだ日は沈まぬ。最後の死力を尽くして、メロスは走った。メロスの頭は、空っぽだ。なにひとつ考えていない。ただ、わけのわからぬ大きな力に引きずられて走った。日は、ゆらゆら地平線に没し、まさに最後の一片の残光も、消えようとしたとき、メロスは疾風のごとく刑場《けいじょう》に突入した。間に合った。

「待て。①その人を殺してはならぬ。メロスが帰ってきた。約束のとおり、今、帰ってきた。」と大声で刑場の群衆に向かって叫んだつもりであったが、喉がつぶれてしわがれた声がかすかに出たばかり、群衆は、一人として彼の到着に気がつかない。既にはりつけの柱が高々と立てられ、縄を打たれたセリヌンティウスは、徐々につり上げられてゆく。メロスはそれを目撃して最後の勇、先刻、濁流を泳いだように群衆をかき分け、かき分け、

「私だ、刑吏！　殺されるのは、私だ。メロスだ。彼を人質《ひとじち》にした私は、ここにいる！」と、かすれた声で精いっぱいに叫びながら、ついにはりつけ台に上り、つり上げられてゆく友の両足に、かじりついた。群衆は、どよめいた。あっぱれ。②許せ、と口々にわめいた。セリヌンティウスの縄は、ほどかれたのである。

「セリヌンティウス。」メロスは目に涙を浮かべて言った。「③私を殴れ。力いっぱいに頬《ほお》を殴れ。私は、途中で一度、悪い夢を見た。君がもし私を殴ってくれなかったら、私は君と抱擁する資格さえない

(1) ——線①「その人」とありますが、誰を指していますか。文章中から一語で抜き出しなさい。　10点

(2) ——線②「許せ、と口々にわめいた」のは、誰ですか。文章中から二字で抜き出しなさい。　10点

(3) ——線③「私を殴れ。力いっぱいに頬を殴れ」と言ったのは、なぜですか。メロスの言葉の中から、理由となる一文を探し、最初の五字を抜き出しなさい。（句読点も字数に含む。）　10点

(4) ——線④「たった一度だけ、ちらと君を疑った」とありますが、疑ってどう思ったのですか。次の□にあてはまる言葉を「期限」という言葉を用いて、十五字以内で書きなさい。　10点

・メロスが□のではないかということ。

(5) ——線⑤「ありがとう」は、相手がどうしたことに対して言った言葉ですか。次から一つ選び、記号で答えなさい。　5点

ア 優しくほほえんで、自分のあやまちを全て許してくれたこと。

イ 手加減せずに自分を殴って、裏切りの心を戒めてくれたこと。

ウ 話を詳しく聞いて、自分の状況や立場を理解してくれたこと。

(6) よく出る ——線⑥「顔を赤らめて」とありますが、王の気持ちをまとめた次の文の□にあてはまる言葉を、Ⅰは文章中の言葉をまとめて十五字以内で、Ⅱは五字以内で考えて書きなさい。　各10点

・［Ⅰ］ことを知り、［Ⅱ］気持ちになっていた。

(7) 考える ——線⑦「おまえらの仲間の一人にしてほしい」と言って、王はどんな「仲間」になりたいと思っていますか。「信実」という言葉を用いて、考えて書きなさい。　15点

時間20分

／100点

合格75点

解答 p.18

のだ。殴れ。」

セリヌンティウスは、全てを察した様子でうなずき、刑場いっぱいに鳴り響くほど音高くメロスの右頬を殴った。殴ってから優しくほほえみ、

「メロス、私を殴れ。同じくらい音高く私の頬を殴れ。私はこの三日の間、④たった一度だけ、ちらと君を疑った。生まれて、初めて君を疑った。君が私を殴ってくれなければ、私は君と抱擁できない。」

メロスは腕にうなりをつけてセリヌンティウスの頬を殴った。

「⑤ありがとう、友よ。」二人同時に言い、ひしと抱き合い、それからうれし泣きにおいおい声を放って泣いた。

群衆の中からも、歔欷《きょき》の声が聞こえた。暴君ディオニスは、群衆の背後から二人のさまを、まじまじと見つめていたが、やがて静かに二人に近づき、⑥顔を赤らめて、こう言った。

「おまえらの望みはかなったぞ。おまえらは、わしの心に勝ったのだ。信実とは、決して空虚な妄想ではなかった。どうか、わしをも仲間に入れてくれまいか。どうか、わしの願いを聞き入れて、⑦おまえらの仲間の一人にしてほしい。」

どっと群衆の間に、歓声が起こった。

「万歳、王様万歳。」

一人の少女が、緋《ひ》のマントをメロスにささげた。メロスは、まごついた。よき友は、気をきかせて教えてやった。

「メロス、君は、真っ裸じゃないか。早くそのマントを着るがいい。このかわいい娘さんは、メロスの裸体を、皆に見られるのが、たまらなく悔しいのだ。」

勇者は、ひどく赤面した。

太宰 治「走れメロス」〈『太宰治全集3』〉より

2 ――線のカタカナを漢字で書きなさい。 各5点

① 主将が選手センセイする。
② 川がハンランする。
③ 相手をアザムく。
④ ミニクい争いをする。

1								2			
(1)	(2)	(3)	(4)	(5)	(6) I	(6) II	(7)	①	②	③	④

ぴたトレ 1
要点チェック

漢字を身につけよう⑨
歌の言葉　365日の紙飛行機

AKB48［作詞］秋元 康

解答 p.19

1 新しく習った漢字　読み仮名を書きなさい。

① 貪欲（　　）
② 妥協（　　）
③ 辣腕（　　）
④ 偏頭痛（　　）
⑤ 悩む（　　）
⑥ 愚痴（　　）
⑦ 怠慢（　　）
⑧ 辛抱（　　）
⑨ 鬼（　　）
⑩ 債務（　　）
⑪ 租税（　　）
⑫ 累計（　　）
⑬ 購入（　　）
⑭ 戴冠（　　）
⑮ 管弦（　　）
⑯ 沸騰（　　）
⑰ 抽出（　　）
⑱ 叔父（　　）
⑲ 息子（　　）
⑳ 乳母（　　）
㉑ 二十歳（　　）
㉒ 意気地（　　）
㉓ 田舎（　　）
㉔ 砂利（　　）

2 重要語句　正しい意味を下から選び、記号で答えなさい。

①（　　）辣腕　　**ア** てきぱきと物事を処理する能力があること。
②（　　）名残　　**イ** 人と別れることを残念だと思う気持ち。

3 表現方法　（　）に入る言葉をあとから選んで書きなさい。

・一年、つまり（①　　）の積み重ねである人生を（②　　）にたとえる（③　　）や、第四連と第八連においては（④　　）が用いられている。

比喩　反復法　紙飛行機　365日

得点UPポイント

表現技法に着目して、強調部分を捉える！

☑ 繰り返しにより、作者の伝えたい内容が強調されている。
☑ 比喩の意味を考えることで、詩に込められた意味を読み取ることができる。

この詩では、「紙飛行機」が表す意味に注目して、作者の思いに近づいてみよう。

タイムトライアル 8分
解答 p.19

1 読解問題 教科書の次の部分を読んで、あとの問いに答えなさい。 教科書226ページ上1行〜227ページ下18行

(1) 教科書226ページ上7〜8行 「思い通りに……頑張ろう」と同じような気持ちによる呼びかけの二行を探し、最初の五字を抜き出しなさい。

ヒント 「調子が出ない時」というような表現を探そう。

(2) 教科書227ページ上4〜6行 「その距離を競うより……大切なんだ」とありますが、これは人生において、どういう意味ですか。次から一つ選び、記号で答えなさい。

ア あまり努力していないのに、結果をごまかすことはできない。
イ 結果がどうであるかより、どんな過程を踏んだかが大事だ。
ウ 過程にだけ気をとられると、結果を見失ってしまいがちだ。

（　）

ヒント 「距離」より「どう飛んだか」を重視している。

(3) 教科書226ページ下5〜8行 「人は思うよりも……いるだけ」は、どのような呼びかけだと考えられますか。次から一つ選び、記号で答えなさい。

ア 時には人に頼ってみよう。
イ いつも人に優しくしよう。
ウ たまには気ままに過ごそう。

（　）

ヒント 「すぐそばのやさしさ」に気づこう、と言っている。

(4) 教科書226ページ下9行 「人生は紙飛行機」の「紙飛行機」とは、どのようなものですか。次の□にあてはまる言葉を、Ⅰは一字、Ⅱは二字で詩の中から抜き出しなさい。

・人のⅠやⅡを乗せて飛ぶもの。

Ⅰ
Ⅱ

ヒント この次の行と第八連の二行目に着目しよう。

(5) 教科書227ページ下13〜18行 「飛んで行け！……みよう！」の、言葉の繰り返しの効果を、次から一つ選び、記号で答えなさい。

ア 夢を持って前進する大切さを伝え、背中を押してくれる効果。
イ 前進する意味を問うて、自分で考える助けをしてくれる効果。
ウ 遠くまで前進する意義を示し、迷いを断ち切ってくれる効果。

（　）

ヒント 「自信持って」「楽しく」「心のままに」と言っている。

(6) この詩は、どんな気持ちで歌ったらよいですか。次から一つ選び、記号で答えなさい。

ア 人生が平穏《へいおん》無事であることを祈るような気持ち。
イ 人生の重要な転機で叱咤《しった》激励するような気持ち。
ウ 人生の新たな一歩を明るく応援するような気持ち。

（　）

ヒント 軽やかな「紙飛行機」のたとえで、人に勇気を与える詩。

ぴたトレ3

確認テスト①

文法のまとめ

時間20分

／100点

合格75点

解答 p.19

1 次の文章の中から動詞、形容詞、形容動詞をそれぞれ全て抜き出しなさい。 各完答4点

先週の土曜日、私は家族で温泉旅行に行きました。そこは有名な温泉で、にぎわっていました。温泉がすばらしかったうえに、お料理もおいしくお部屋は素敵で、楽しい思い出になりました。

2 ——線の動詞の活用の種類をあとから一つずつ選び、記号で答えなさい。 各2点

(1) 雲行きが怪《あや》しいので、かさを持っていこう。
(2) 彼の言うとおりにすれば、全部うまくいくだろう。
(3) 今朝デパートで買ってきた服をさっそく着る。
(4) もう食べないので、どうぞ片づけてください。

ア 下一段活用　**イ** 上一段活用
ウ 五段活用　**エ** サ行変格活用

3 ——線の動詞の活用形をあとから一つずつ選び、記号で答えなさい。 各2点

(1) もう少し大きな声で話せ。
(2) 久しぶりに手紙を書いた。
(3) 合唱祭ではのびのび歌うことを約束した。
(4) もし間に合えば、許してくれるはずだ。
(5) 休日はゆっくり休む。

ア 連用形　**イ** 終止形　**ウ** 連体形
エ 仮定形　**オ** 命令形

4 ——線の動詞は、ア自動詞、イ他動詞のどちらですか。記号で答えなさい。 各2点

(1) 車が速度を増す。
(2) 次の角を右に曲がる。
(3) 街路樹が葉を落とす。
(4) 決勝戦に初めて出る。

5 次の文の□にあてはまる格助詞をあとから一つずつ選び、記号で答えなさい。 各3点

(1) 私の母は近所□スーパーに出かけた。
(2) 私は妹□秘密を打ち明けた。
(3) あれ□私の家です。
(4) 駅□走って帰ってきた。
(5) バラの花□玄関に飾る。
(6) 原液を水□薄める。

ア を　**イ** で　**ウ** に　**エ** が　**オ** の　**カ** から

6 次の文の□にあてはまる副助詞をあとから一つずつ選び、記号で答えなさい。(記号は一度しか使えません。) 各2点

(1) 彼はいつも本□読んでいる。
(2) ぼくは三日□練習を休んだ。
(3) 私は目玉焼き□作れない。
(4) まずはおやつ□食べようか。

ア ほど　**イ** さえ　**ウ** ばかり　**エ** でも

7 次の文が（　）の意味を表すように、□にあてはまる終助詞をあとから一つずつ選び、記号で答えなさい。（記号は一度しか使えません。） 各3点

(1) これは誰のノートです□。（疑問）
(2) そのドレス、とてもきれいです□（感動）
(3) 今度の試合こそ、優勝する□。（強調）
(4) 映画でも見に行こう□。（念押し）
(5) 今日は外で遊ぶ□。（禁止）
(6) 頑張れ、弟□。（呼びかけ）

ア ねえ　**イ** よ　**ウ** な
エ か　**オ** ぞ　**カ** ぜ

8 （　）の指示にしたがって、次の文の□にあてはまる助動詞を書きなさい。 各3点

(1) 次こそは絶対に試験に合格し□。
（「希望」の助動詞を入れる。）
(2) もう二度とあの場所には足を踏み入れ□。
（「打ち消し」の助動詞を入れる。）
(3) 二つの台風が日本列島に近づいている□。
（「伝聞」の助動詞を入れる。）
(4) 先生は明日から海外に行か□らしい。
（「尊敬」の助動詞を入れる。）
(5) これはまちがいなく私の教科書□。
（「断定」の助動詞を入れる。）
(6) 今日から朝と夕方に犬を散歩さ□つもりだ。
（「使役」の助動詞を入れる。）

問題	解答欄
1	動詞 / 形容詞 / 形容動詞
2	(1) / (2) / (3) / (4)
3	(1) / (2) / (3) / (4) / (5)
4	(1) / (2) / (3) / (4)
5	(1) / (2) / (3) / (4) / (5) / (6)
6	(1) / (2) / (3) / (4)
7	(1) / (2) / (3) / (4) / (5) / (6)
8	(1) / (2) / (3) / (4) / (5) / (6)

ぴたトレ 3

確認テスト②

文法のまとめ

時間20分

／100点

合格75点

解答 p.20

1 次の文と同じ意味になるように、□にあてはまる付属語（一語）を書きなさい。 各3点

(1) 先に帰宅した弟が、楽しみにしていた私のおやつを食べてしまった。

→先に帰宅した弟［Ⅰ］、楽しみにしていた私のおやつを食べ［Ⅱ］てしまった。

(2) この町で生まれ育った著名な作家が、故郷を舞台にした小説を書いた。

→故郷を舞台にした小説は、この町で生まれ育った著名な作家［Ⅰ］よって書か［Ⅱ］た。

2 ――線の言葉は、ア助動詞、イ形容動詞の一部のどちらですか。記号で答えなさい。 各3点

(1) 今の世の中の仕組みは、とても複雑だ。

(2) 彼女は、自宅から駅までの道のりを急いだ。

(3) 私の妹は、まだ小学一年生です。

(4) 目の前の海は、いつものようにおだやかです。

3 ――線の「ない」は、あとのア～ウのどれにあたりますか。一つずつ選び、記号で答えなさい。 各3点

(1) その出来事を僕は全く知らない。

(2) 今年の夏は昨年ほど暑くない。

(3) 店には私の気に入った品物がない。

ア 形容詞　**イ** 補助形容詞　**ウ** 助動詞

4 ――線の言葉の意味をあとから一つずつ選び、記号で答えなさい。 各3点

(1) 明日は天気が回復するそうだ。

(2) 明日はよい天気になりそうだ。

(3) 今夜はあらしになるようだ。

(4) 会場はあらしのようなさわがしさだ。

(5) 母のように優しい人になりたい。

ア 推定　**イ** 例示　**ウ** 伝聞

エ たとえ　**オ** 様態

5 次の文を、あとに示す意味になるように、文の成分の順序をかえて書き直しなさい。 各5点

(1) 私は姉と妹を追いかけた。

→ 追いかけたのは私だけである。

(2) 兄は夕方に空港に着いた妹を迎えに行った。

→ 迎えに行ったのが夕方である。

6 次の文を、あとに示す意味になるように、一か所に読点を入れて書き直しなさい。 各5点

(1) 私は弟の次郎と犬のハナを探した。

→ 探した対象は、犬のハナのみである。

(2) 猫は懸命に逃げるネズミを追いかけた。

→ 懸命な様子だったのは、ネズミである。

7 次の文のうち、組み立てが整った文はどちらですか。記号で答えなさい。 各3点

(1)
ア 私が今一番興味をもっていることは、動物の絵を描きます。
イ 私が今一番興味をもっていることは、動物の絵を描くことです。

(2)
ア 僕がなぜ水泳を始めたのかというと、体が弱かったことです。
イ 僕がなぜ水泳を始めたのかというと、体が弱かったからです。

(3)
ア 最近話題になっている番組を見て思ったことは、人の命は大切だということです。
イ 最近話題になっている番組を見て思ったことは、人の命は大切です。

(4)
ア 私が思うに、キャプテンというのはみんなをまとめることが役目です。
イ 私が思うに、みんなをまとめることがキャプテンの役目です。

8 次の文は、ア単文、イ複文、ウ重文のどれですか。記号で答えなさい。 各4点

(1) 早朝犬がキャンキャンと鳴き、その声で家族は飛び起きた。
(2) 私は校長先生が先日話されたことをしっかり覚えている。
(3) 明るい日の光が我が家の居間にまっすぐ差し込んでいる。
(4) 子供たちは広場を駆け巡《めぐ》り、母親たちは片隅で談笑していた。
(5) 台風が過ぎ去ったので、私達は庭や家の周りの片づけをした。

1	(1) Ⅰ	(1) Ⅱ	(2) Ⅰ	(2) Ⅱ	
2	(1)	(2)	(3)	(4)	
3	(1)	(2)	(3)		
4	(1)	(2)	(3)	(4)	(5)
5	(1)	(2)			
6	(1)	(2)			
7	(1)	(2)	(3)	(4)	
8	(1)	(2)	(3)	(4)	(5)

ぴたトレ **3** 確認テスト

ポテト・スープが大好きな猫

時間20分 ／100点 合格75点

解答 p.20

1 思考・判断・表現 文章を読んで、問いに答えなさい。

教科書253ページ下段5行〜254ページ下段18行

猫はしゃべりません。ただ遠ぼえするような鳴き声をあげるだけです。大きく口を開け、長い間「うぉーん。」と鳴いていました。①猫がそのように語る話を、おじいさんは詳しいところまでは、よく聞き取れませんでした。でもおおよそのところ、猫は水に濡《ぬ》れるのは嫌だったけれど、一生懸命泳ぎに泳ぎ、②魚を相手になにやかやあった、ということらしいのです。

それがどんなに大変なことだったか、猫はおじいさんに向かって、いつまでも語り続けました。猫がくたびれて、もう何も話せなくなるまで、おじいさんは猫と一緒にポーチに座っていました。猫の話はずいぶんややこしく、つながり方がよくわかりませんでしたが、それでもおじいさんは、すっかり感心してしまいました。かわいそうなことをしたと、心が痛みました。

猫は長いこと丁寧に、前足で顔を洗っていました。耳もぴんと立って、すっかり元気そうになりました。これからはどんなにぐあいが悪そうに見えても、おまえを置いてはいかないよ、とおじいさんは猫に③約束をしました。魚釣りに一緒に連れていくには、この猫はもう年をとりすぎたんじゃないかと、おじいさんはちょっと考えただけなのです。

「ただうとうとしていただけなのに！」というのが④猫の言い分です。

---

(1) ――線①「猫がそのように語る」とありますが、実際に、猫がどのような様子で語ったのかが具体的に書かれている部分を文章中から一文で探し、最初の四字を抜き出しなさい。 10点

(2) ――線②「魚を相手になにやかやあった」とありますが、猫はどうしたのですか。次から一つ選び、記号で答えなさい。 5点

ア 遊んでいた魚とけんかをして、泳いで逃げて帰ってきた。
イ 魚をとりに泳いで行き、魚を捕まえて泳いで帰ってきた。
ウ 泳いで魚に会いに行き、おじいさんの悪口を言ってきた。

(3) ――線③「約束をしました」とありますが、どのようなことを約束したのですか。次の□にあてはまる言葉を文章中から十二字で抜き出しなさい。 10点

・どんな時も猫を□こと。

よく出る
(4) ――線④「猫の言い分」に反して、おじいさんは魚釣り当日の朝、猫の様子を見てどう思いましたか。「猫は、きっと」に続けて十字前後で書きなさい。 15点

(5) ――線⑤「魚もねずみも、べつに捕まえなくたっていい」とありますが、これとほぼ同じ内容が書かれている部分を文章中から十五字で抜き出しなさい。 10点

(6) この文章で、おじいさんと猫の心の絆《きずな》や、おだやかな日常を象徴しているものを文章中から七字で抜き出しなさい。 10点

考える
(7) ――線⑥「ふたりはまた、すっかり仲よしになっていました」とありますが、ここから「猫」がどうしている姿が読み取れますか。「いつものように」という言葉を用いて書きなさい。 20点

冬の朝に、気持ちよく居眠《いねむ》りをしてちゃいけないのかしら？

おじいさんは猫に魚のお礼を言いました。でも猫には、おじいさんに魚をあげたつもりなんて、全然ありません。でもな、おまえ、⑤魚もねずみも、べつに捕まえなくたっていいんだよ、とおじいさんは猫に言いました。おまえは今のおまえのままでいいんだからさ。そして、確かにちょいと痩《や》せっぽちだけどな、とつけ加えました。

猫は知らん顔をしていました。


おじいさんはその夜、口笛を吹きながら、またポテト・スープを作りました。猫は電気毛布の上に横になり、ごろごろと喉を鳴らしていました。

おじいさんはそんな猫の姿を目にしてほっとしました。今では、そんな気持ちがはっきりと目に見えます。でも猫は、まだ機嫌が戻らないみたいで、おじいさんと一緒の毛布では寝てくれません。

それでも夜が更《ふ》けて、空に銀色の月が浮かぶ頃には、⑥ふたりはまた、すっかり仲よしになっていました。


テリー＝ファリッシュ／村上 春樹 訳「ポテト・スープが大好きな猫」

〈『ポテト・スープが大好きな猫』〉より

2 ——線のカタカナを漢字で書きなさい。 各5点

① イナカで暮らす。
② 練習にハゲむ。
③ 昆虫をツカまえる。
④ よくネムる。

1							2			
(1)	(2)	(3)	(4)	(5)	(6)	(7)	①	②	③	④
			猫は、きっと							

むさぼり

1 思考・判断・表現　文章を読んで、問いに答えなさい。

教科書258ページ下11行～259ページ下13行

そのとき、急に人声がして、①扉が激しくたたかれた。私はしぶしぶ立ち上がって、戸口まで出た。扉の外には、父の重臣が四人立っていた。ただならぬ気配だった。

——若君、ご身辺に変わったことは？

重臣の一人があえぎながら言った。私は首を振った。

——②いや、べつに。私が歓迎宴に出なかったのは……。

——お出にならなくてよかったのです、と他の重臣が声を震わせて言った。もしおいでになっていたら……。

——何があったのだね？

——おいとこのマテオ様が……。

——マテオが？　どうした？

——暗殺されました。

——まさか……、と私は一歩後ずさって叫んだ。

——マテオ様は若君の席にお着きになりました。父君が若君の代わりをなさるようにお言いつけになって……。

——マテオは私の身代わりになったわけか？

——恐れながら、③そのように見受けられました。

重臣たちを帰らせると、私は部屋に戻った。いとこには気の毒

---

(1) ——線①「扉が激しくたたかれた」とありますが、誰がたたいたのですか。文章中から五字以内で抜き出しなさい。　5点

(2) ——線②「いや、べつに」とありますが、「べつに」のあとには、どんな言葉を補うことができますか。文章中の言葉を用いて、十字以内で書きなさい。　10点

(3) ——線③「そのように見受けられました」とありますが、これは、誰がどうしたことを指していますか。次の□にあてはまる言葉を十字以内で書きなさい。　10点

・モンテフェルトロ公の身代わりになって、□こと。

よく出る

(4) ——線④「そこにはぬれた野がもの羽が二枚ほど落ちていたのだ」とありますが、これは、どのようなことを表していると考えられますか。次から一つ選び、記号で答えなさい。　5点

ア 野がもが女に化けてモンテフェルトロ公を訪ねてきたこと。

イ 女がモンテフェルトロ公が飼う野がもを連れて去ったこと。

ウ 女がモンテフェルトロ公の部屋に野がもを置いて行ったこと。

(5) ——線⑤「わが殿は善き心の……ございますね」という内容を否定して、モンテフェルトロ公は、何と言っていますか。文章中から三十字以内で探し、最初の五字を抜き出しなさい。　10点

(6) モンテフェルトロ公は、どのような人物だと思われていますか。文章中から二つ、それぞれ八字以内で抜き出しなさい。　各10点

考える

(7) ——線⑥「そうでないからこそ……のかもしれぬ」とありますが、ここでは「人間」に対するどんな思いが読み取れますか。「人間とは、」に続くかたちで、「本当の姿」、「化け物」という二語を用いて書きなさい。　20点

時間20分　／100点　合格75点

解答 p.21

だったが、私は、女と一緒にいたために生命を救われたのだ。もし女に会っていなかったら、もし女が私を夢中にさせてくれなかったら、私は、予定どおり歓迎宴に出ていたにちがいないのだ……。」

「で、その女はどうなったのですか。」

好奇心を抑えかねた若い廷臣《ていしん》が尋ねた。

「それが不思議なことに、もう部屋に見あたらないのだ。私はそこら中を捜した。家臣たちを呼んで宮殿中を捜させた。しかしどこにも女の姿は見えなかった。私はがっかりして部屋に戻ってきた。そして女が座っていた長椅子に目をやった。④そこにはぬれた野がもの羽が二枚ほど落ちていたのだ……。」

廷臣たちは目と目を見合わせた。若い廷臣が言った。

「驚き入ったお話です。⑤わが殿は善き心の他は何ももっておられないのでございますね。」

「そう思われては困る。」モンテフェルトロ公は鼻梁《びりょう》の突き出た鼻に指を当てながら言った。「私が宮廷の礼儀と上品さを重んじるからといって、人間を美徳だけからできていると思っているわけではない。人間とは複雑な化け物なのだ。表面は静かでも、本当は荒れくるった獅子《しし》のような男もいる。反対に雄《おす》やぎのように怒りっぽくても、内心は気弱な男もいる。人間ほど混沌《こんとん》として始末に負えないものはないのだ。ふだん人々は私のことを我慢強い温厚《おんこう》な男だと言っている。だが、私が傭兵隊《ようへいたい》を率いてイタリア中を走り回っていた頃、人は、私を血に渇いたおおかみだと言ったものだ。私が宮廷でも寡欲《かよく》を説くので、人々は本来、私が欲のない男だと思っている。だが、⑥そうでないからこそあえてそう説いているのかもしれぬ。」

辻 邦生「むさぼり」〈『十二の肖像画による十二の物語』〉より

2 ――線のカタカナを漢字で書きなさい。　各5点

① 長いロウカを歩く。　② アンミンを妨《さまた》げられる。

③ アワれな話を聞く。　④ 鳥に水をアタえる。

1							2			
(1)	(2)	(3)	(4)	(5)	(6)	(7)	①	②	③	④
						人間とは、				

ぴたトレ 3

確認テスト

那須与一《なすのよいち》 ――「平家物語」より

時間20分

／100点

合格75点

解答 p.22

1 思考・判断・表現　文章を読んで、問いに答えなさい。

教科書263ページ上1行〜265ページ上3行

　矢ごろ少し遠かりければ、海へ一段《たん》ばかりうち入れたれども、なほ《オ》扇《あふぎ》《オウギ》のあは《ワ》ひ《イ》七段ばかりはあるらむ《ン》とこそ見えたりけれ。頃は二《に》月《ぐわつ》《ガツ》十八日の①酉《とり》の刻ばかりのことなるに、を《オ》りふし②北風激しくて、磯《いそ》打つ波も高かりけり。舟《ふね》は、揺り上げ揺りするゑ《エ》漂《ただよ》へ《エ》ば、扇も串《くし》に定まらずひらめいたり。沖には平家、舟を一面に並べて見物す。陸《くが》には源氏、くつばみを並べてこれを見る。いづ《ズ》れもいづ《ズ》れも③晴れならずといふ《ウ》ことぞなき。与一目をふさいで、

「南無八幡大菩薩《なむはちまんだいぼさつ》、わが国の神明《しんめい》、日光《につくわう》《ニッコウ》の権現《ごんげん》、宇都宮《うつのみや》、那須《なす》の湯《ゆ》泉大明神《ぜんだいみやうじん》《ミョウ》、願は《ワ》くは、あの扇のまん中射させてたばせたまへ《エ》。これを射そんずるものならば、弓切り折り自害して、人に二度面《ふたたびおもて》を向かふ《ウ》べからず。いま一度《いちど》本国へ迎へ《エ》んとおぼしめさば、この矢外させ

(1)　――線①「酉の刻」とありますが、これは、現在の何時頃にあたりますか。次の□にあてはまる漢数字を書きなさい。　5点

・午後□時頃

(2)　――線②「北風激しくて、磯打つ波も高かりけり」とありますが、これは、どのような様子を表していますか。次から一つ選び、記号で答えなさい。　10点

ア　与一を乗せた船がまったく進めずにいる様子。
イ　与一が矢を射る際にねらいが定めにくい様子。
ウ　与一のねらう的を平家方が揺らしている様子。

(3)　――線③「晴れならずといふことぞなき」とありますが、この部分を「情景」という言葉を用いて、現代語に訳して書きなさい。　10点

(4)　――線④「心の内に祈念して」とありますが、与一は、どのようなことを祈ったのですか。次の□にあてはまる言葉を十字以内で書きなさい。　15点

・自分がうまく□こと。

よく出る
(5)　――線⑤「射切つたる」とありますが、この主語にあたる言葉を文章中から一語で抜き出しなさい。　10点

考える
(6)　この文章で、色彩豊かな描写を文章中から一文で探し、最初の五字を抜き出しなさい。　10点

(7)　――線⑥「沖には平家、舟端をたたいて感じたり」とありますが、ここから、与一に注目していた平家の人々のどんな気持ちが読み取れますか。「敵」「腕前」という二語を用いて、十五字以内で書きなさい。　20点

たまふ《ウ》な。」

と④心の内に祈念して、目を見開いたれば、風も少し吹き弱り、扇も射よげにぞなつ《ナッ》たりける。

与一、かぶらを取つ《トッ》てつがひ《イ》、よつ《ヨッ》ぴいてひやう《ヒョウ》ど放つ。小兵といふ《ウ》ぢやう《ジョウ》、十二束三伏《そくみつぶせ》、弓は強し、浦響《うらひび》くほど長鳴りして、あやまたず扇の要ぎは《ワ》一寸ばかりおいて、ひいふつ《フッ》とぞ⑤射切つ《キッ》たる。かぶらは海へ入りければ、扇は空へぞ上がりける。しばしは虚空《こくう》にひらめきけるが、春風に一もみ二もみもまれて、海へさつ《サッ》とぞ散つ《チッ》たりける。夕日のかかやいたるに、みな紅《ぐれなゐ》《グレナイ》の扇の日出《い》だしたるが、白波の上に漂ひ《イ》、浮きぬ沈みぬ揺られければ、⑥沖には平家、舟端《ふなばた》をたたいて感じたり、陸には源氏、えびらをたたいてどよめきけり。

「那須与一――『平家物語』より」より

2 ――線のカタカナを漢字で書きなさい。 各5点

① 姉がハタチになる。
② ぞうきんをシボる。
③ イクサの準備をする。
④ シラエの長刀《なぎなた》を振る。

1 (1)	1 (2)	1 (3)	1 (4)	1 (5)	1 (6)	1 (7)	2 ①	2 ②	2 ③	2 ④

ぴたトレ 3 確認テスト

見えないチカラとキセキ

時間20分
／100点
合格75点

解答 p.23

1 思考・判断・表現　文章を読んで、問いに答えなさい。

教科書271ページ上11行〜273ページ下1行

　失敗したとき、先生からよくこんな言葉をもらいました。

「ミスしてもいいよ。①何回ミスしてもいいけど、同じミスはするなよ。」

　たとえミスをしたとしても、なぜミスをしたのかを考え、工夫して再チャレンジすれば、それはミスじゃない。同じミスをしたり、諦《あきら》めたりしたときが本当の失敗だと、先生はわかりやすい言葉で励ましてくれたのです。

　また、仲間は私がコートでミスをすると、「失敗してもいいから思いきってやってみて。理恵《りえ》がミスしたぶんは私がカバーするから。」と声をかけてくれました。「次も失敗したらどうしよう。」と②下を向いていた私は、何度その言葉に救われたことでしょう。

　地味な筋力トレーニングなどをやっているときも、もともと運動が苦手だった私は、「このくらいでやめようかな……。もうキツいし。」などと何度も思うのですが、その隣で歯を食いしばってがんばっている先輩の姿に、「私も、もうちょっとがんばろう。」と刺激をもらいました。

　口先だけで、「がんばれ。」「がんばれ。」と言うことは誰だってできます。でも、先輩や仲間は一緒に考え動いてくれ、③私が気づくまで待っていてくれました。

　そして、ゴールボールをやめなかったもう一つの理由は、自分と

(1) ――線①「何回ミスしてもいい」とありますが、この言葉は、どのような考えがもとになっていますか。文章中から一文で探し、最初の五字を抜き出しなさい。　5点

(2) ――線②「下を向いていた」とありますが、ここからどのような気持ちが読み取れますか。次から一つ選び、記号で答えなさい。　10点

ア 後悔　**イ** いら立ち　**ウ** 不安

(3) ――線③「私が気づく」とありますが、どんなことが大切だと気づいたのですか。次の□にあてはまる言葉を、Ⅰは八字、Ⅱは六字で文章中から抜き出しなさい。　各10点

・失敗をおそれず、［Ⅰ］みること。
・キツくてやめたくなっても、［Ⅱ］がんばること。

(4) ――線④「前向きに考えられるようになって」とありますが、「前向き」な考えに結びつくような自問自答をしている部分を、文章中から探し、最初と最後の五字を抜き出しなさい。（句読点も字数に含む。）　完答10点

(5) よく出る　――線⑤「ゴールボールは実に最適なスポーツだった」とありますが、なぜ「最適」なのですか。「言いわけ」という言葉を用いて書きなさい。　15点

(6) 考える　――線⑥「私の心のスイッチが入りました」とありますが、「私」はゴールボールをすることで、今までの人生からどんな人生へと「スイッチ」が入ったのですか。「世界」「挑戦」という二語を用いて書きなさい。　20点

本気で向き合ってみたかったからです。

私は、訓練学校に通い始め、ゴールボールと出会ってから、ちょっとずつではありますが④前向きに考えられるようになっていました。でも、やっぱりどこかで〝見えない〟ことを理由に逃げ腰になっているもう一人の自分を感じていました。

私って、このままいつまでも〝見えない〟ことを理由に言いわけし続けるのかな。〝見えない〟ことから一生逃れられないのかな。

そう考えたとき、「このままじゃ嫌だ。」という強い思いが、心の底からわきあがってきたのです。人生って一回しかない。言いわけばかりしている人生なんて……私は嫌だ。

そう思ったとき、⑤ゴールボールは実に最適なスポーツだったのです。

ゴールボールは全員が目隠しをした状態でプレーをします。「すみませーん。見えないからボール取りそこねました。」なんて言いわけは、通用しないスポーツなのです。見えないという条件は、みんな同じ。この見えないことが言いわけにならないスポーツで世界を目指してみたい。

⑥私の心のスイッチが入りました。

浦田 理恵　竹内 由美「見えないチカラとキセキ」

〈『浦田理恵 見えないチカラとキセキ』を書き改めたもの〉より

2 ――線のカタカナを漢字で書きなさい。　各5点

① 前へ一歩フみ出す。　② 試合のジッキョウ放送。

③ 頭にショウゲキを感じる。　④ ウデの筋肉を鍛える。

1								2			
(1)	(2)	(3)		(4)		(5)	(6)	①	②	③	④
		Ⅰ	Ⅱ	最初	最後						

ぴたトレ 3
確認テスト

水田のしくみを探る

時間20分
／100点
合格75点
解答 p.24

1 思考・判断・表現 文章を読んで、問いに答えなさい。

教科書277ページ5行〜278ページ上3行

①水田に張られた水は、一日に十二ミリメートル程度の速度でゆっくりと地下にしみ込みます。大部分は地下数メートルにある帯水層にたまり、そこから少しずつしみ出して川の水や湧《わ》き水となり、農業用水や生活用水に利用されます。帯水層にしみ込んだ水の四分の一くらいは、更に地下深くにある②深層地下水層にたまります。そこまで達するには、約二百年かかるといわれています。深層地下水層は水の貯金といえるものですから、大切に守り、将来のために増やしていかなければなりません。その意味でも水田のはたらきは大きいといえます。

水田を土で作ると以上のような長所があるのですが、水田自体が自然環境に与《あた》えるよい影響《えいきょう》は、③これだけではありません。植物は太陽熱を受けると、体内の水分を葉から空気中に放出しますが、その量は気温が高いときには多く、低いときには少なくというように変化します。水田の稲《いね》の蒸散作用によって、空気中の湿度や温度が調節されるのです。また、植物は光合成を行うために、二酸化炭素を吸い込み、酸素を吐き出していますが、広大な水田の稲《いね》が吸収する二酸化炭素と、放出する酸素の量は膨大《ぼうだい》です。結果として、水田は空気をきれいにするためにも役立っているのです。

岡崎　稔「水田のしくみを探る」
〈『調べてみよう　暮らしの水・社会の水』を書き改めたもの〉より

(1) ――線①「水田に張られた水」は、何に用いられますか。あてはまらないものを次から一つ選び、記号で答えなさい。 10点

ア 生活　イ 工業　ウ 農業

(2) ――線②「深層地下水層」は、別の言葉で何と表現されていますか。文章中から四字で抜き出しなさい。 15点

よく出る
(3) ――線③「これだけではありません」とありますが、水田の稲はどんなはたらきをしますか。文章中から二つ、一語ずつで抜き出しなさい。 各15点

考える
(4) 水田のはたらきには、どのようなことがありますか。「水」「空気」の二語を用いて書きなさい。 25点

2 ――線のカタカナを漢字で書きなさい。 各5点

① 生活のチエ。　② 目をコらす。
③ ドジョウを作る。　④ 水がモれる。

1				2	
(1)	(2)	(3)	(4)	①	②
				③	④

今取り組めば
テストに役立つ!

\\ 定期テスト //

予想問題

チェック!

- テスト本番を意識して，時間を計ってチャレンジしよう!
- 間違えたところは「ぴたトレ1～3」を確認しよう!

定期テスト
予想問題
1

セミロングホームルーム

文章を読んで、問いに答えなさい。

時間15分

／100点

合格75点

解答 p.24

そのとき、なにか気配を感じたのか、瀬尾《せお》くんが右手を伸ばして左肩のあたりを触った。

①私たち三人は、「ひゅっ。」と息をのんだ。

けれど、そのセミは思いの外図太い性格だった。すぐ近くを瀬尾くんの手がうろうろしているのにもかかわらず、微動だにせずおとなしく止まっている。なんて鈍感なんだろう。少しは瀬尾くんの繊細さを見習ってほしいものだ。

私たち三人は、「ふうっ。」とため息をもらした。

「②蛻《もぬけ》の殻って、言うじゃん。」

突然、トリノが小声で言った。

「言うね。教室は蛻の殻だった。なぜならインフルエンザの大流行で学級閉鎖したからだ。」

「例文を作れなんて言ってない。蛻って、どういう意味か知ってる?」

「さぁ。もぬけ……。まぬけ、的な。」

トリノは軽蔑《けいべつ》した目で私を見ると、ノートの隅に書きこんだ。

『セミとかヘビとかの、抜け殻のこと』

へぇー。と、感心していると、後ろから手もとをのぞきこんできた黒岩先生が、同じように「へぇー。」と言った。

「じゃあ、多数決により、次の席替《せきが》えはくじ引きで決めます。」

学級委員がそう言った。いつのまにか多数決が実施《じっし》されたらしい。

トリノと席が離れるのはさみしい気もする。

ロングホームルーム終了まで、あと二十分。残り時間は自習になりそうな気配だ。学級委員が優秀なので、ロングホームルームはいつも時間が余ってしまう。全然ロングじゃない。③これが本当のセミロングホームルーム。

戸森 しるこ「セミロングホームルーム」より

(1) ——線①「私たち三人は……のんだ」について答えなさい。

① 「私たち三人」とは、「私」のほかに誰と誰ですか。 25点

② 「息をのんだ」のはなぜですか。次の文の□にあてはまる言葉を書きなさい。 25点

・□、それがクラスのみんなに見られるのを恐れたから。

(2) ——線②「蛻の殻って、言うじゃん」とありますが、トリノがそう言い出した理由として考えられるものを次から一つ選び、記号で答えなさい。 20点

ア 瀬尾くんの背中のセミが、抜け殻だったと気づいたから。

イ 生きているのに手が近づいても動かないセミを見たから。

ウ 黒岩先生に、困った状況であることを伝えたかったから。

(3) ——線③「これが……ルーム」とはどういうことですか。簡潔に書きなさい。 30点

(1) ①	(1) ②	(2)	(3)

定期テスト予想問題 2

セミロングホームルーム

文章を読んで、問いに答えなさい。

時間15分　／100点　合格75点

解答 p.25

トリノは音をたてないように立ち上がると、瀬尾くんの背中にそろそろと手を伸ばし、そこに止まっているセミを、人さし指と親指とでそっとつまんだ。

そして次の瞬間、光の速さで外に放り投げた。

「ばいばい。」

途中まで身動きひとつしなかったセミは、放り出された空中で我に返ったように羽を広げ、ジジジッと鳴きながら、そのまま遠くまで飛んでいった。その去り際《ぎわ》の鳴き声は、クラスの喧噪《けんそう》の中で無事にかき消された。

①セミから瀬尾くんを守りぬいた私たちは、握手でも交《か》わしたい心境で、詰《つ》めていた息を大きく吐き出したのだった。やりましたよ、黒岩先生。

そのとき、瀬尾くんが初めて振り返った。瀬尾くんはトリノを見たかと思うと、小さな声だったけれどはっきりと、

「ありがとう。」

そう言った。

私とトリノは驚いて、なにも言えなかった。②トリノは立ったまま座れなくなっている。

「座っていいぞ、鳥野。」

黒岩先生が妙な注意の仕方をした。

トリノは人さし指でずれたメガネを直すと、ようやく先生の言葉に従った。

戸森 しるこ「セミロングホームルーム」より

(1) ——線①「セミから瀬尾くんを守りぬいた」とはどういうことですか。次の文の□にあてはまる言葉を書きなさい。 25点

・クラスのみんなに気づかれずに□ということ。

(2) ——線②「トリノは立ったまま座れなくなっている」とありますが、なぜですか。次の文の□にあてはまる言葉を書きなさい。 25点

・□を知らないと思っていて、驚いたから。

(3) 瀬尾くんの背中にセミが止まっていたことを、黒岩先生が知っていたと思わせる文が二つあります。文章中から探し、それぞれ初めの五字を抜き出しなさい。 各10点

(4) この文章の特徴に合うものを次から一つ選び、記号で答えなさい。 30点

ア 淡々と出来事を描写しつつ、どこかユーモアを感じさせる。

イ 人物の心情をセミの動きや情景描写に託して描いている。

ウ 人物の心情が細かに描かれ、読む人が感情移入しやすい。

(1)	(2)	(3)	(4)
		・	

定期テスト
予想問題
3

人間は他《ほか》の星に住むことができるのか

文章を読んで、問いに答えなさい。

時間15分
／100点
合格75点

解答
p.25

一九九七年には、探査機マーズ・パスファインダーが火星着陸に成功し、形の細長い岩が同じ方向を向いているのを発見しました。これは、以前に洪水が起こったと考えられる決定的な証拠となり、①火星にもかつて海や湖があったことが証明されました。そして、二〇〇九年、探査機フェニックスが、かつて火星に存在した水の一部が、地下に永久凍土として埋まっていることを確認しました。火星は太陽から遠いため、表面に届く太陽のエネルギーの量は、地球に届く量の半分程度しかありません。そのため、火星は地球と比べて非常に寒く、平均表面温度はマイナス四三度、最低温度はマイナス一四〇度にもなります。それで、火星の水は氷として地下に眠っているわけです。

この氷を溶かして水にすることができたら、私たちが火星に移り住む可能性は広がります。地下の氷を溶かして海や川をつくるため、火星の大気を増やし、地表温度を上げるための研究も、現在進められているのです。ただし、うまくいっても、地球と同じような温暖な空気と水をもった惑星になるには、少なくとも数百年はかかるといわれています。

こうして考えてみると、生命が育まれる条件がみごとにそろった地球は、かけがえのない星だということがわかります。私たちはまず、「奇跡の星」②地球を大切にしていくことがなにより重要です。そして、地球の外に目を向けると、③いずれは火星が第二の「奇跡の星」になる可能性を秘めているのです。

渡部 潤一「人間は他の星に住むことができるのか」より

(1) ——線①「火星にも……証明されました」について答えなさい。

① 何によって火星に海や湖があったことが証明されたのですか。「岩」「洪水」の二つの言葉を用いて書きなさい。 30点

② 火星にあった水は、現在はどうなっているのですか。わかっていることを書きなさい。 20点

(2) ——線②「地球を……重要」とありますが、なぜですか。文章中の言葉を用いて書きなさい。 20点

(3) ——線③「いずれは……秘めているのです」とありますが、どうすることができれば、火星が「奇跡の星」になれるのですか。簡潔に書きなさい。 30点

(1)		(2)	(3)
①	②		

定期テスト
予想問題
4

短歌十首

短歌を読んで、問いに答えなさい。

時間15分
／100点
合格75点

解答 p.25

A　くれなゐ《イ》の二尺伸びたる薔薇《ばら》の芽の針やはら《ワ》かに春雨《はるさめ》のふる　正岡《まさおか》 子規《しき》

B　みちのくの母のいのちを一目見ん一目みんとぞただにいそげる　斎藤《さいとう》 茂吉《もきち》

C　草わかば色鉛筆の赤き粉《こ》のちるがいとしく寝て削るなり　北原《きたはら》 白秋《はくしゅう》

D　白鳥《しらとり》は哀《かな》しからずや空の青海のあを《オ》にも染まずただよふ《ウ》　若山《わかやま》 牧水《ぼくすい》

E　不来方《こずかた》のお城の草に寝ころびて
空に吸は《ワ》れし
十五の心　石川《いしかわ》 啄木《たくぼく》

F　列車にて遠く見ている向日葵《ひまはり》《ヒマワリ》は少年のふる帽子のごとし　寺山《てらやま》 修司《しゅうじ》

G　シャボンまみれの猫が逃げ出す午下《ひる》がり永遠なんてどこにも無いさ　穂村《ほむら》 弘《ひろし》

「短歌十首」より

(1)　次の表現技法が用いられている短歌をA〜Gからそれぞれ一つずつ選び、記号で答えなさい。　各5点

ア　反復法
イ　直喩

(2)　次の鑑賞文にあう短歌をA〜Gからそれぞれ一つずつ選び、記号で答えなさい。　各10点

ア　何の色にも染まらず生きていこうとする孤独な姿が、色彩の対比を用いて詠《よ》まれている。
イ　ユーモラスな情景を印象的に描くなかで、若者らしい口調でものうげな気分を詠んでいる。
ウ　作者が若い日の思いを広大な空に吸い込まれそうに感じたことが、独特の形式で表されている。
エ　作者の繊細な観察眼が感じられ、「の」という音の繰り返しが柔らかい響きを生み出している。

(3)　Cの短歌では、二つの色の対比が表されています。それを説明した次の文の□にあてはまる言葉をⅠは四字、Ⅱは三字で、短歌の中から抜き出しなさい。　各15点

・ Ⅰ の緑色と Ⅱ の粉の赤色。

(4)　Bの短歌の——線には、作者のどんな気持ちが表れていますか。「死」「なんとしても」の二語を用いて、書きなさい。　20点

(1)	(2)	(3)	(4)
ア	ア	Ⅰ	
イ	イ	Ⅱ	
	ウ		
	エ		

定期テスト
予想問題
5

一〇〇年後の水を守る

文章を読んで、問いに答えなさい。

①日本人が水のことに比較的のんびりしているのは、四方を海に囲まれた島国に住んでいるからだ。だが、②日本は水を自給できているわけではない。それどころか、実は、世界有数の水輸入国なのだ。

日本ミネラルウォーター協会の調査によると、二〇一七年には、三五九万四三〇五キロリットルのボトル水が流通したが、そのうち三二五万四七八八キロリットルが国産で、三三万九五一七キロリットルが輸入品だった。日本人一人が海外から輸入しているボトル水の量は、二・七リットルということになる。

さらに、日本は世界最大の農作物純輸入国だ。日本の食料自給率は、四〇パーセント前後とかなり低い。輸入している食品を作るのに必要な水を計算してみると、年間六二七億トンになる。これは、日本人が一日一人当たり一・四トンの水を輸入していることになる。

一方で、日本の主な輸入相手国である、中国、アメリカは、水の消費量が多く、水不足の状況にある。この先も同じように大量の食料を日本に輸出し続けてくれるという保証はない。かといって、現在輸入している食料を自国で生産するための水は、日本にはない。日本は水の豊富な国というイメージがあり、日本に住んでいると、水の危機についてあまり実感がわかないかもしれない。しかし、③日本の食生活は、確実に外国の水に頼っている。

こうした水問題に対して、私たちができることは、水の循環になるべく負担をかけない水の使い方をすることだ。

橋本 淳司「一〇〇年後の水を守る」より

(1) ――線①「日本人が水のことに比較的のんびりしている」とありますが、なぜですか。筆者が考えている理由を「〜から。」に続くように、抜き出しなさい。 25点

(2) ――線②「日本は水を自給できているわけではない」とありますが、それを端的に示している表現を、文章中から九字で抜き出しなさい。 25点

(3) ――線③「日本の食生活は、確実に外国の水に頼っている」とありますが、それを説明するために筆者が挙げている具体例にあてはまらないものを次から一つ選び、記号で答えなさい。 20点

ア 日本は半分以上の食料を輸入に頼っており、輸入している食品を作るのに必要な水は膨大な量であること。

イ 中国やアメリカは大量の食料を輸出できる水を地下水として蓄えており、今後も安定した輸入が見込めること。

ウ 日本で流通したボトル水の一割弱が輸入品だったこと。

(4) 水の危機や水問題に対して、私たちがどうすることが大切だと筆者は述べていますか。簡潔に書きなさい。 30点

(1)	(2)	(4)
から。	(3)	

時間15分

／100点

合格75点

解答 p.26

定期テスト予想問題 6

平家物語

文章を読んで、問いに答えなさい。

時間15分　／100点　合格75点

解答 p.26

熊谷《くまがへ》《ガエ》、①「あれは大将軍とこそ見まゐ《イ》らせ候《さうら》へ《ソウラエ》。②まさなう《ノウ》も敵《かたき》に後ろを見せさせたまふ《モウ(※1)》ものかな。返させたまへ《エ》。」と扇を上げて③招きければ、④招かれてとつて《トッテ》返す。みぎは《ワ》に打ち上がらんとするところに、押し並べてむずと組んでどうど落ち、とつ《トッ》て《テ》押さへ《エ》て首をかかんと、かぶとを押しあふ《オウ(※2)》のけて見ければ、年十六、七ばかりなるが、薄化粧《うすげしやう》《ショウ》して、かね黒なり。わが子の小次郎《こじらう》《ロウ》がよはひ《ワイ》ほどにて、容顔まことに美麗なりければ、⑤いづ《ズ》くに刀を立つべしともおぼえず。

※1「モウ」または「マウ」と読む。
※2「オウ」または「アオ」と読む。

「平家物語」より

(1) ——線①「あれは大将軍とこそ見まゐらせ候へ」の文中には係り結びが使われています。係助詞・結びの語・添える意味をそれぞれ書きなさい。　各10点

(2) ——線②「まさなうも敵に後ろを見せさせたまふものかな」を現代語訳して書きなさい。　20点

(3) ——線③「招きければ」、——線④「招かれてとつて返す」の主語を、文章中の言葉を用いてそれぞれ書きなさい。　各15点

(4) ——線⑤「いづくに刀を立つべしともおぼえず」とありますが、熊谷はなぜそう思ったのですか。簡潔に書きなさい。　20点

(1)		(2)	(3)	(4)
係助詞	意味		③の主語	
結びの語			④の主語	

定期テスト予想問題 7

平家物語

文章を読んで、問いに答えなさい。

時間15分

／100点

合格75点

解答 p.27

熊谷《くまがへ》《ガエ》涙を抑《おさ》へ《エ》て申しけるは、

「①助けまゐ《イ》らせんとは存じ候《さうら》《ソウラ》へ《エ》ども、味方の軍兵《ぐんびやう》《ビョウ》雲霞《うんか》のごとく候ふ《ウ》。よも逃れさせたまは《ワ》じ。人手《ひとで》に②かけまゐ《イ》らせんより、③同じくは、直《なほ》《ナオ》実《ざね》が手にかけまゐ《イ》らせて、後《のち》の御孝養《おんけうやう》《キョウヨウ》をこそつかまつり候は《ワ》め。」

と申しければ、

「ただ、とくとく首を取れ。」

とぞのたまひ《イ》ける。

熊谷あまりにいとほ《オ》しくて、いづ《ズ》くに刀を立つべしともおぼえず、④目もくれ心も消えはてて、前後不覚におぼえけれども、さてしもあるべきことならねば、泣く泣く首をぞかいてんげる。

「あは《ワ》れ、弓矢取る身ほど口惜しかりけるものはなし。武芸の家に生まれずは、なにとて⑤かかる憂《う》きめをば見るべき。情けなう《ノウ》も討ちたてまつるものかな。」

とかきくどき、袖を顔に押し当ててさめざめとぞ泣きゐ《イ》たる。

「平家物語」より

(1) ――線①②に共通する語「まゐらせん」は同じ意味です。正しいものを次から一つ選び、記号で答えなさい。 25点

ア サ行下二段活用の他動詞で「差し上げる、献上する」の意。
イ サ行下二段活用の補助動詞で、「お〜申し上げる」の意。
ウ ラ行四段活用の動詞と助動詞の連語で、「参上させる」の意。

(2) ――線③「同じくは……候はめ」からは、熊谷のどのような心情が読み取れますか。次から一つ選び、記号で答えなさい。 20点

ア 相手の首を取る手柄を自分一人のものにしようという思い。
イ 味方の軍勢が近づいており、その者たちに相手の首を取る様子を見せたい思い。
ウ 他の者の手にかかって死ぬよりは、苦痛と恥が少ないように自らの手にかけ、死後の供養《くよう》をしようとする思い。

(3) ――線④「目もくれ心も消えはてて、前後不覚におぼえけれども」とありますが、なぜですか。熊谷の相手に対する気持ちを文章中から十字で抜き出しなさい。(句読点は含まない。) 25点

(4) ――線⑤「かかる憂きめ」はどのようなことを指していますか。「敦盛《あつもり》の最期《さいご》」の全体の内容をふまえて書きなさい。 30点

(1)	(2)	(3)	(4)

定期テスト
予想問題
8

漢詩の世界

文章を読んで、問いに答えなさい。

時間15分
／100点
合格75点

解答 p.28

黄鶴楼《くわうかくろう》《コウ》にて孟浩然《まうかうねん》《モウコウ》の広陵《くわうりよう》《コウリョウ》に之《ゆ》くを送る　李白《りはく》

①故人《こじん》西のかた黄鶴楼を辞し
煙花三月揚州《えんくわさんぐわつやうしう》《カ》《ガツヨウシュウ》に下る
②孤帆《こはん》の遠影碧空《ゑんえいへきくう》《エン》に尽《つ》き
唯《た》だ見る長江《ちやうかう》《チョウコウ》の天際《てんさい》に流るるを

故 人 西ノカタ 辞シ二 黄 鶴 楼一ヲ
煙 花 三 月 下ル二 揚 州一ニ
孤 帆ノ 遠 影 碧 空ニ 尽キ
唯ダ 見ル 長 江ノ 天 際ニ 流ルルヲ

「漢詩の世界」より

(1) 「黄鶴楼にて…」の形式と押韻《おういん》について、次の問いに答えなさい。　②は完答　各15点
① 漢詩の形式を漢字四字で書きなさい。
② 韻を踏んでいる語を抜き出しなさい。

(2) ――線①「故人」について、次の問いに答えなさい。
① この漢詩での意味を次から一つ選び、記号で答えなさい。　10点
ア 古くからの友人。　イ 亡《な》くなった人。
ウ 昔の立派な人。　エ 尊敬すべき年長者。
② 誰のことを指していますか。　10点

(3) ――線②「孤帆の遠影碧空に尽き」はどのような様子を表していますか。簡潔に書きなさい。　25点

(4) この漢詩の主題は何ですか。「別れ」という言葉を必ず用いて書きなさい。　25点

(1)		(2)		(3)	(4)
①	②	①	②		

定期テスト
予想問題
9

文法の窓2　助詞・助動詞のはたらき

それぞれの問いに答えなさい。

時間15分

／100点

合格75点

解答
p.28

(1)　——線の助詞の種類を下から一つずつ選び、記号で答えなさい。　各5点

① その映画はどこで見られますか。
② 本を読んで、感想文を書いている。
③ サッカーの練習はもう終わったの。
④ これが私の描いた愛犬の絵です。
⑤ 宿題が多いから、マンガを読む暇がない。
⑥ ここから目的地までは、徒歩十五分です。
⑦ ぼくは、傘をどこかに置き忘れてきた。
⑧ あそこに見える山は、何という名前ですか。
⑨ ここから先は、立ち入り禁止区域です。
⑩ ここから先が、ドラマの山場といえる。

ア 格助詞
イ 接続助詞
ウ 副助詞
エ 終助詞

(2)　——線の助動詞の意味をあとから一つずつ選び、記号で答えなさい。　各5点

① 先生が詩を朗読された。　② 店には誰もいないようだ。
③ 雨が降り出しそうな空だ。　④ 今駅に着いたところです。
⑤ 私は学校へ歩いて行こう。　⑥ 弟は公園で遊びたがる。
⑦ まさか一回戦では負けまい。　⑧ いつも友達に助けられる。

ア 意志　イ 推定　ウ 尊敬　エ 打ち消しの推量
オ 希望　カ 様態　キ 受け身　ク 丁寧な断定

(3)　——線の助動詞と同じ助動詞を含むものを、それぞれあとから一つずつ選び、記号で答えなさい。　各5点

① 我が国は、世界でも有数の輸出国だ。
ア 私は、休日にプールで泳いだ。
イ 子供がたくさんいて、にぎやかだ。
ウ 今の君に必要なのは、やすらぎだ。

② おととい、ぼくは町で彼に会った。
ア 列車は、ちょうど着いたところです。
イ 私は、今朝見た夢を覚えていない。
ウ こんなに汚れた川には、魚はいない。

(1)										(2)								(3)	
①	②	③	④	⑤	⑥	⑦	⑧	⑨	⑩	①	②	③	④	⑤	⑥	⑦	⑧	①	②

定期テスト予想問題 10

小さな手袋

文章を読んで、問いに答えなさい。

時間15分　／100点　合格75点

解答 p.29

手袋は、それほど長い日数をかけたにしては、余りに小さかった。普通の五倍も時間がかかるという苦しい思いをして、ようやく編みあげた手袋だった。

シホは、小さな手袋を両手に包み、顔を強く押しつけた。①かすかなおえつが漏れ出た。

「それで、」と私が代わりに聞いた。「宮下さんは、今どうなさっていますか。」

「はい、お元気ですよ。まだ、この病院に入院していらっしゃいます。」

シホが顔を上げた。②涙でぬれた目が輝いた。

「会いたい。会ってもいいですか。」

シホは、すぐさま走りだそうという気配を見せた。③それを修道女が静かに押しとどめた。

「会ってもしかたありません。もうシホちゃんが誰なのか、わからないんですよ。この一年ほどで、急にぼけが激しくなりましてね。……しきりに大連《だいれん》のことばかり話しています。周りの人を、みんな大連に住んでいたときの近所の人だと思いこんでね。ご本人は大連にいるんだって思っているんでしょうね。」

「大連に……。」

「そう。宮下さんは、もう大連へ帰ってしまったんですよ。昔の大連にね。」

病院を辞去したあと、自転車の荷台からシホが、雑木林へ寄っていきたい、と言った。熱のあるのが心配だったが、私はうなずいて、④自転車を雑木林の入り口の方へ向けた。

内海 隆一郎「小さな手袋」〈『人びとの忘れもの』〉より

(1) ——線①「かすかなおえつが漏れ出た」とき、シホは何に気づきましたか。「宮下さんの」に続くかたちで、文章中から五字で抜き出しなさい。 15点

(2) ——線②「涙でぬれた目が輝いた」とありますが、このとき、シホなどんな気持ちですか。簡潔に書きなさい。 25点

(3) ——線③「それを修道女が静かに押しとどめた」のは、なぜですか。「宮下さんは」に続くかたちで書きなさい。 30点

(4) ——線④「自転車を雑木林の入り口の方へ向けた」のは、私がどうするためですか。文章中の言葉を使って書きなさい。 30点

(1)	(2)	(3)	(4)
宮下さんの		宮下さんは	

定期テスト
予想問題
11

動物園でできること

文章を読んで、問いに答えなさい。

　子供連れの家族が一家団欒《だんらん》のひとときをおくる場所として、友達や恋人どうしが楽しく語らう場所として、老若男女《ろうにゃくなんにょ》、さまざまな人々が動物園を訪れる。その数は、日本全国の動物園を合わせると、年間で延べ三千万人にも及ぶ。動物園は、人々にレクリエーションの場を提供するという役割を果たしているのだ。動物園を楽しむ人々の姿に日々接することができたのは、そこで働く者としても大変うれしかった。

　けれども、動物園には、①レクリエーションの場を提供することの他にも重要な役割がある。

　二〇世紀以降、野生動物たちの生活の場である自然環境が急速に悪化し、②多くの種類の動物が絶滅の危機にひんしている。そのような中で、動物園は、野生動物を保護し、次の世代へ伝える役割を担《にな》っている。また、そのために必要な、野生動物についての調査や研究も動物園の役割の一つである。

　更には、③野生動物や自然環境について学ぶ場を人々に提供することも、動物園の大切な役割だ。人間を含めた地球上の生き物たちは、なんらかの形でつながり合い、複雑で多様なしくみを築きあげている。生きて動く野生動物を目の前にしながら、彼らと彼らが暮らす環境のことを理解し、彼らとともに生きることの意味や大切さについて学ぶことができるのが動物園なのである。

　このように、動物園には四つの大きな役割がある。それらは互いに関連し合っており、どれも重要なものであるが、④残念なことに、レクリエーションの場を提供すること以外の役割については、人々に余り知られていない。動物園としても、それらの役割があること自体を十分に伝えきれていないといわれている。

奥山 英登「動物園でできること」より

(1) ――線①「レクリエーションの場」について、具体的に説明している部分を文章中から十五字以上二十五字以内で二つ探し、それぞれの初めの五字を抜き出しなさい。 各10点

(2) ――線②「多くの種類の動物が絶滅の危機にひんしている」とありますが、そのために動物園が果たしている役割は、何と何ですか。次の□にあてはまる言葉を文章中からⅠは二字、Ⅱは五字で抜き出しなさい。 各15点

・野生動物のⅠと、野生動物についてのⅡ。

(3) ――線③「野生動物や自然環境について学ぶ」とは、どうすることですか。文章中の言葉を用いて、書きなさい。 30点

(4) ――線④「残念なことに、……知られていない」とありますが、筆者は、動物園は二つの場であることを伝えたいと思っています。二つの場が何と何か、簡潔に書きなさい。 20点

(1)	(2)	(3)	(4)
・	Ⅰ Ⅱ		

時間15分

／100点

合格75点

解答 p.29

定期テスト
予想問題
12

動物園でできること

文章を読んで、問いに答えなさい。

時間15分
／100点
合格75点

解答 p.30

　エゾシカは、ヒトにはとてもできないようなハイジャンプや崖登りをいとも簡単にやってのける、すばらしい能力をもった動物だ。そのときの姿は、しなやかで美しい。「①パンダに負けないすごいところをみんなに見せてあげよう」と、私はエゾシカたちに心の中で声をかけ、岩山の上に登ってくるように餌の与え方を工夫したり、ハイジャンプができるように柵を設置したりして、その魅力を来園者に伝えようとしてきた。そして、彼らとともに生きていることの意味やその大切さについて紹介し続けてきた。

　このように、オランウータンもペンギンもエゾシカも、それ以外の動物の場合でも、②野生動物としての魅力を引き出す展示を行い、彼らについて解説することを心がけてきた。美しく、しなやかで、たくましく、ダイナミックで、ときには恐ろしい野生動物の姿と行動には、どんな人でも魅了されるにちがいない。その驚きと不思議に満ちあふれた感動の体験は、彼らのことをもっと知りたい、彼らの環境を守りたいという気持ちを引き起こし、動物園が「楽しみの場」であるとともに、豊かな「学びの場」となる可能性を広げてくれるにちがいない。

　ぜひ、③いろいろな動物園を何度も繰り返し訪ねてほしい。そこで大いに楽しみ大いに学んでもらいたい。その学びが、野生動物と私たちがこの地球上でともに幸せに生きる道をひらく力になると私は信じている。

奥山　英登「動物園でできること」より

(1) ——線①「パンダに負けないすごいところ」を来園者に見てもらえるように、筆者はどうしましたか。文章中から二つ、それぞれ十字以内で抜き出しなさい。　各15点

(2) ——線②「野生動物としての魅力を引き出す展示」について、次の問いに答えなさい。

① 「野生動物としての魅力」は、どんなところですか。「〜ところ。」に続くように、文章中から三十二字で探し、最初の五字を抜き出しなさい。　15点

② 筆者は、この展示を見た来園者にどんな気持ちになってほしいと考えていますか。文章中の言葉を用いて書きなさい。　25点

(3) ——線③「いろいろな動物園を何度も繰り返し訪ねてほしい」とありますが、筆者は来園者にどんなことを期待していますか。「共生」という言葉を用いて書きなさい。　30点

(1)	(2) ①	(2) ②	(3)
	〜ところ。		

定期テスト
予想問題
13

走れメロス

文章を読んで、問いに答えなさい。

時間15分

／100点

合格75点

解答
p.30

「ばかな。」と暴君は、しわがれた声で低く笑った。「①とんでもないうそを言うわい。逃がした小鳥が帰ってくるというのか。」

「そうです。帰ってくるのです。」メロスは必死で言いはった。「私は約束を守ります。私を、三日間だけ許してください。妹が、私の帰りを待っているのだ。そんなに私を信じられないならば、よろしい、この町にセリヌンティウスという石工がいます。私の無二の友人だ。あれを、人質《ひとじち》としてここに置いていこう。私が逃げてしまって、三日めの日暮れまで、ここに帰ってこなかったら、あの友人を絞め殺してください。頼む、そうしてください。」

それを聞いて王は、残虐な気持ちで、そっとほくそ笑んだ。生意気なことを言うわい。どうせ帰ってこないに決まっている。このうそつきにだまされたふりして、放してやるのもおもしろい。そうして身代わりの男を、三日めに殺してやるのも気味がいい。人は、これだから信じられぬと、わしは悲しい顔して、その身代わりの男を磔刑《たっけい》に処してやるのだ。世の中の、正直者とかいうやつばらにうんと見せつけてやりたいものさ。

「②願いを、きいた。その身代わりを呼ぶがよい。三日めには日没までに帰ってこい。遅れたら、その身代わりを、きっと殺すぞ。ちょっと遅れてくるがいい。おまえの罪は、永遠に許してやろうぞ。」

「なに、何をおっしゃる。」

「はは。命が大事だったら、遅れてこい。③おまえの心は、わかっているぞ。」

メロスは悔しく、じだんだ踏んだ。ものも言いたくなくなった。

太宰 治「走れメロス」〈『太宰治全集3』〉より

(1) ――線①「とんでもないうそ」とありますが、王はどんなことを「うそ」だと思ったのですか。次の□にあてはまる言葉を、「いつ、どこへ、どうする」の形で書きなさい。 25点

・メロスが□ということ。

(2) ――線②「願いを、きいた」とありますが、その理由をまとめた次の各文の□にあてはまる言葉を、文章中からⅠは六字、Ⅱは二字、Ⅲは五字で抜き出しなさい。 各15点

・メロスはどうせ Ⅰ から。

・身代わりを殺すのも Ⅱ がいいから。

・人は Ⅲ と見せつけてやれるから。

(3) ――線③「おまえの心」とありますが、王はメロスがどうすると思っていますか。「約束」「自分だけ」という言葉を用いて、書きなさい。 30点

(1)	(2)		(3)
	Ⅰ	Ⅲ	
	Ⅱ		

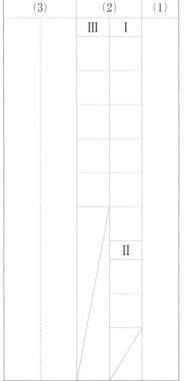

定期テスト
予想問題
14

走れメロス

文章を読んで、問いに答えなさい。

セリヌンティウスは、全てを察した様子でうなずき、刑場《けいじょう》いっぱいに鳴り響くほど音高くメロスの右頰《ほお》を殴った。殴ってから優しくほほえみ、

「①メロス、私を殴れ。同じくらい音高く私の頰を殴れ。私はこの三日の間、たった一度だけ、ちらと君を疑った。生まれて、初めて君を疑った。君が私を殴ってくれなければ、私は君と抱擁できない。」

メロスは腕にうなりをつけてセリヌンティウスの頰を殴った。

「ありがとう、友よ。」二人同時に言い、ひしと抱き合い、それから②うれし泣きにおいおい声を放って泣いた。

群衆の中からも、歔欷《きょき》の声が聞こえた。暴君ディオニスは、群衆の背後から二人のさまを、まじまじと見つめていたが、やがて静かに二人に近づき、顔を赤らめて、こう言った。

「おまえらの望みはかなったぞ。おまえらは、③わしの心に勝ったのだ。信実とは、決して空虚な妄想ではなかった。どうか、わしをも仲間に入れてくれまいか。どうか、わしの願いを聞き入れて、おまえらの仲間の一人にしてほしい。」

どっと群衆の間に、歓声が起こった。

「万歳、王様万歳。」

一人の少女が、緋《ひ》のマントをメロスにささげた。メロスは、まごついた。よき友は、気をきかせて教えてやった。

「④メロス、君は、真っ裸じゃないか。早くそのマントを着るがいい。このかわいい娘さんは、メロスの裸体を、皆に見られるのが、たまらなく悔しいのだ。」

勇者は、ひどく赤面した。

太宰 治「走れメロス」〈『太宰治全集3』〉より

(1) ――線①「メロス、私を殴れ」と言った理由をまとめた次の文の□にあてはまる言葉を二十字以内で書きなさい。 25点

・セリヌンティウスは、自分も□と疑ったから。

(2) ――線②「うれし泣きに……泣いた」とありますが、このとき、二人は互いが何で結ばれていることを感じていますか。文章中から二字で抜き出しなさい。 20点

(3) ――線③「わしの心」は、どんな考えで占められていましたか。その内容を「妄想」という言葉を用いて、書きなさい。 25点

(4) ――線④「メロス、君は、真っ裸じゃないか」から、メロスがどうしてきたことが読み取れますか。「なりふり」という言葉を用いて、考えて書きなさい。 30点

(4)	(3)	(2)	(1)

時間15分

／100点

合格75点

解答 p.31

定期テスト予想問題 15

文法のまとめ

それぞれの問いに答えなさい。

時間15分

／100点

合格75点

解答 p.31

(1) ――線の言葉について、それぞれの品詞をⅠ動詞、Ⅱ形容詞、Ⅲ形容動詞から選び、それぞれの活用形をあとから一つずつ選び、記号で答えなさい。 各4点

① 彼は、いつも笑顔でおだやかに話す。
② まぶしければ、ブラインドを下ろします。
③ 今朝の教室は、いつもより静かだろう。
④ 「早く来い。」と友達に催促された。
⑤ とても痛ましい事故が起きてしまった。

ア 未然形　イ 連用形　ウ 終止形　エ 連体形
オ 仮定形　カ 命令形

(2) 次の文から可能動詞を探し、もとになっている動詞を書きなさい。 各4点

① 私は百メートルを泳げる。　② 兄は英語の本を読める。
③ 意見を簡潔に言える。　④ 彼はヒットを打てる。

(3) 次の文の意味が通るように、□にあてはまる助詞を平仮名一字で書きなさい。 各4点

① 姉は歩く□が速い。　② 父と車□出かける。
③ 八時□家を出発した。　④ 急いだ□、遅刻した。
⑤ 今回勝て□、優勝だ。　⑥ 右も左□わからない。
⑦ 危ないから道で遊ぶ□。　⑧ ごくごくと水□飲む。

(4) 次の文が形の整った文になるように、――線部を書き直しなさい。 各4点

① 私の将来の夢は、幼稚園の先生になりたいです。
② 僕が毎朝走っているのは、体を鍛えることです。
③ 明日の予定は、自分の部屋を片づけます。

(1)					(2)				(3)								(4)		
① 品詞	① 活用形	② 品詞	② 活用形	③ 品詞	③ 活用形	④ 品詞	④ 活用形	⑤ 品詞	⑤ 活用形	①	②	③	④	①	②	③	④	⑤	⑥	⑦	⑧	①	②	③

教科書ぴったりトレーニング〈三省堂版・中学国語2年〉

解答集

この解答集は取り外してお使いください。

名づけられた葉

p.6

ぴたトレ1

1 ①とら ②の ③だれ ④りれき ⑤えが（か） ⑥ふ・かえ ⑦しょうかい ⑧ひゆ ⑨とくちょう ⑩ごい ⑪ちが ⑫ぼく

2 ①ウ ②オ ③ア ④イ ⑤エ

p.7

ぴたトレ2

1 (1)Aア Bイ
(2)①自分 ②例自分だけの名がつけられた人間だから。

セミロングホームルーム

p.8

ぴたトレ1

1 ①みょう ②ぬ・がら ③しんけん ④ばくしょう ⑤へいさ

2 ①ク ②ア ③カ ④イ ⑤ケ ⑥ウ ⑦エ ⑧キ ⑨オ

3 ①竹内 ②トリノ（鳥野） ③瀬尾 ④黒岩

p.9

ぴたトレ2

1 (1)ウ
(2)ぷりぷり・セミ

p.10〜11

ぴたトレ3

1 (1)①例瀬尾くんの背中のセミ ②エ
(2)例（セミから）瀬尾くんを守りぬくこと。
(3)例瀬尾くんが背中のセミに気づいていると思わなかったから。
(4)①例座っていないこと ②例瀬尾くんの背中のセミを外に放つ
(5)例三人には、みんなに気づかれないように、瀬尾くんをセミから守るという共通の目標があるから。

2 ①殻 ②真剣 ③爆笑 ④閉鎖

考え方

1 (1)「セミ」に二つの意味があることを読み取る。一つは瀬尾《せお》くんの背中に止まっているセミのことで、もう一つは「半ば。半分」などの意味の「セミ」である。ここでは「ロング」に対して、長さが半分ほど、つまりロングホームルームより短いホームルームという意味を指している。
(2)トリノがセミを窓の外に放ったあとに、「セミから瀬尾くんを守りぬいた」ことを、「やりましたよ、黒岩先生」と黒岩先生に向けて心の中でつぶやいている。ここから、「私」は黒岩先生にセミから瀬尾くんを守ることを頼まれたと思っていたとわかる。
(3)ここまで「私」たちは瀬尾くんに話しかけることはなく、瀬尾くんも言葉を発していない。「私」たちは、クラスのみんなにばれないように、瀬尾くんにすら内緒で、セミの対応を考えていたのである。それなのに、セミを放したところで瀬尾くんが振り返り

「ありがとう」と言ったので、瀬尾《せお》くんはトリノがセミを放したことに気づいた、つまり、背中にセミがいたことに気づいていたことを知り、驚いたのである。

(4)①本当ならば「座りなさい」「立ってはいけない」のような注意になるところだが、「座っていい」と許可を与《あた》えるような言い方になっているので、妙なのである。「立っていること」なども可。

②トリノが立っているのはなぜかを考える。トリノは瀬尾くんの背中のセミを外に放つために立っていたのである。先生には事情がわかっていたので、「座りなさい」などといった注意ではなく、もういいというように「座っていい」と言ったのだ。

(5)連帯感は、何かを共有しているときに生まれるものである。ここでは、瀬尾くんの背中にセミがいるということと、それをこっそりと放したいということが、三人に共有されている。何かを共有している、共通の目標をもっているなど、連帯感があることがわかるように書くこと。「『私』とトリノと黒岩先生は、みんなに気づかれないように、瀬尾くんの背中のセミを逃がしたいという思いを共有していたから。」も可。

読解テクニック

1 (3)(5)**理由を説明するときは「から」などの文末にする！**

「どうして」「なぜ」など、理由を答える問題では、文章中の理由になりそうな部分に「～から」をつけてみて、不自然な文章にならないか、理由として成立するかどうかを判断する。答えをまとめるときにも「から」「ため」「ので」といった理由を表す文末にする。

言葉発見①／漢字を身につけよう①

p.12

ぴたトレ1

1 ①ひか ②おくびょう ③こくふく ④たんれん ⑤くぶくりん ⑥きゅうけい ⑦ふ ⑧ねんざ ⑨ちゆ ⑩しんせき ⑪じゅう ⑫なえぎ ⑬あいぞ ⑭きんちゃく ⑮かいちゅう ⑯そうじ ⑰へいこう ⑱うつわ ⑲つい ⑳こぜに

2 ①ア ②ウ ③イ

p.13

ぴたトレ2

1 ①イ ②ア ③イ ④エ ⑤ウ ⑥エ ⑦ア ⑧ウ

2 (1)①ア ②ア ③イ ④ア

(2)①召し上がっ ②いただく ③ご覧になる ④拝見する

(3)①いましたか ②いらっしゃいますか（おいでになりますか） ③くれた ④お会いする（お目にかかる）

考え方

1 (1)④「お菓子」は「菓子」を上品に表現する言葉で、美化語。

⑧「お目にかかる」は「会う」の謙譲《けんじょう》語で、「お会いする」と同じ意味。

2 (1)①「先生」の動作なので、「ご～になる」を用いた尊敬語を使う。

(2)①②「飲む」の尊敬語も「召し上がる」、謙譲語も「いただく」で「食べる」と同じである。

(3)②「おる」は尊敬語ではないので、校長先生の動作に用いるのは不適切である。

③④身内の動作を他人に話すときは、謙譲語を使う。④「社長」は社内で話すときは尊敬語を使うのがよいが、ここでは「わが社の」とついており、社外の人に話しているので、「お会いする」と謙譲語を使うのが正しい。

じゃんけんは、なぜグー・チョキ・パーの三種類なのか

p.14

ぴたトレ1

1 ①さぐ

2 ①じょろん　②だれ　③ふつう　④かんたん

3 ①エ　②ア　③イ　④ウ

4 ②二種類・手段・四種類　③文句

p.15

ぴたトレ2

1 (1)平等・関係
(2)二種類
(3)ウ

p.16〜17

ぴたトレ3

1 (1)①例じゃんけんを二種類で行うこと。
②例いつまでも決着がつかず、物事を決めるための手段としては役に立たない。
(2)Aグー　Bパー
(3)A例不公平だ　Bピンを出す意味
(4)例単純だが平等で、文句のつけようがないしくみである。

2 ①発展　②提起　③探　④捉

考え方

1 (1)①直前に「二種類で行うというものです」とある。「簡潔に」という条件があるので、「グーとパーだけにする」などは不要。
②次の段落で「あいこばかりで……決着はつきません。……物事を決めるための手段としては役に立たない」とある。これが筆者の検証結果なので、この部分をまとめる。「いつまでも決着がつかず」はなくても正解。
(2)図2の内容を文章化する。→が勝つ相手を示していることを捉え、ピンはグーに勝ち、パーに負けることをまとめる。
(3)「ところが」「そのうえ」から始まる各段落で、理由を述べている。Aは「不公平」の言葉を使って、「から」に続くように書く。Bは「ないから」に着目すると、「ピンを出す意味」があてはまることがわかる。
(4)最後の段落に筆者のじゃんけんに対する考えが述べられている。この段落の内容を簡潔にまとめる。

読解テクニック

1 (3)**記述問題と抜き出し問題の違いに注意する！**
(3)のAは「五字以内で書き」とあり、Bは「七字で抜き出しなさい」とある。「書きなさい」とある場合は、文章からそのまま抜き出したのでは正解にならない。答えとなるべき内容を文章から見つけ、それを空欄《くうらん》の前後に合うように整えて答える。Bは「抜き出しなさい」なので、文章から指定された字数の言葉を探し、そのまま書き写す。二つの違いに注意しよう。

人間は他《ほか》の星に住むことができるのか

p.18

ぴたトレ1

1 ①きせき　②めぐ　③おせん　④しょくりょう　⑤ふんか
⑥とうたつ　⑦ゆいいつ　⑧しまい　⑨やわ　⑩えいきょう
⑪さつえい　⑫たいせき　⑬こうずい　⑭とうど　⑮う　⑯ねむ
⑰と　⑱ひ

2 ①ウ　②ア　③イ

3 ②1距離　3火星　③かけがえのない星

p.19

ぴたトレ2

1 (1)地球からの距離・生きていける環境（順不同）
(2)距離・水・大気・六分の一

(3)したがって

p.20〜21

ぴたトレ3

1

(1)イ・ウ・オ・カ（順不同）

(2)例火星に海や湖があったこと。

(3)①例太陽エネルギーの量が少ない

②火星の大気

(4)例生命が育まれる条件がみごとにそろっている点。

(5)例火星に移り住む可能性は広がっている。

2

①恵　②汚染　③噴火　④到達

考え方

1

(1)第二段落の内容と照らし合わせて考える。「大気はとても薄いのですが、人体にとって有害な宇宙線などを多少なりとも和らげる」とあるのがイに合う。「火星の重力が人間の健康にどれほど影響を及《およ》ぼすのかは、実はまだよくわかっていません」とあるのがオに合う。「月の重力と比べれば、火星では比較的安定して暮らすことができそう」とあるのがウに合う。「火星の一日の長さが地球の一日に近い」とあるのがカに合う。ア「人体にとって有害な存在」、エ「人間に悪影響がある」、キ「一日の長さは月に比べて人が過ごしやすい」は文章に書かれていない。

(2)「証明」に着目する。――線①のすぐあとに、「これは……証明されました」とあるのが見つかる。この文に、火星に着陸した探査機による発見からわかったことが書かれているので、字数以内にまとめる。

(3)①――線②の前に、火星は太陽から遠いために、太陽から届くエネルギーの量が少なく、表面温度が低くなり、水が氷になることが書かれている。この内容を空欄《くうらん》の前後に合うように簡潔にまとめる。

②水が氷になるのは温度が低いからなので、温度を上げるということを念頭におく。また「どんな研究が進められていますか」という問いなので、「〜研究」という結び方で答えるのがよい。したがって、「研究」という言葉を文章から探し、字数に合うようにまとまっているかを確認する。

(4)地球以外の星では一つとして満たされない条件が地球にはそろっている点が「奇跡」なのである。問題の条件として、「生命」「みごと」という言葉の使用があるので、これをヒントにして、答えに利用する部分を文章から探す。「生命が育まれる条件がみごとにそろった地球」とあるのが見つかるので、この部分をまとめる。

(5)「火星はどう」というのは、火星に人間が住めるのか、という意味であることを捉える。火星に人間が住めるかどうかの答えとなっている部分を探すと、「私たちが火星に移り住む可能性は広がります」とあるのが見つかるので、この部分を使って答える。「いずれは火星が第二の地球となる可能性を秘めている。」なども可。「奇跡の星」だとわかりにくいので「地球」と言い換えること。

言葉発見②／漢字を身につけよう②

p.22

ぴたトレ1

1

①がいとう　②けいやく　③せんぷうき　④けんやく　⑤こうせい
⑥かこく　⑦りゅうき　⑧しょうそう　⑨ちゅうすう　⑩もうてん
⑪さくじょ　⑫しんてい　⑬ほしゅ　⑭さけ　⑮ひよく　⑯ひた
⑰かじょう　⑱げり　⑲しょうじょう　⑳おごそ

2

①ウ　②イ　③ア

p.23

ぴたトレ2

1

(1)①ア　②ウ　③イ　④イ

(2)①例明日九時に私の家に来てください。

②例水を買ってきていただけますか。

③例途中で田中さんのところへお寄りになってください。

2

(1)①ア　②イ　③イ

(2)①例行けません。
②例ごめん、買えない。
③例時間がないので寄れない。

3 ①扇 ②削 ③捕 ④絶叫

考え方

1 (1)①「取れ」と命令する言い方なので、押しつける印象がある。
②「本を取ってほしい」ということを伝えるのに謝罪があったり、謙譲語《けんじょう》が二回あったりと丁寧ではあるが、おおげさなので、慇懃《いんぎん》無礼な印象がある。
(2)①丁寧語は「です・ます」などの言葉のことなので、文末に丁寧語を加えて書く。
②この場合は「いただく」という「もらう」の謙譲語を使うのがよい。
③「お寄りになって」と「お〜になる」の尊敬語を使うとよい。

2 (1)①一方的で相手への配慮のない断り方なので、関係が気まずくなる可能性がある。
(2)③寄れない理由を考えて書く。

短歌の世界／短歌十首

p.24 **ぴたトレ1**

1 ①こい ②とうこうらん ③めずら ④みが ⑤まほう ⑥じょうきょう ⑦しぼ ⑧く・かえ ⑨みな

2 ①ね ②ふ ③きみょう

3 ①イ ②ウ ③エ ④ア

p.25 **ぴたトレ2**

1 (1)B・E・F・G（順不同）
(2)A—オ B—ア C—イ D—オ E—ウ F—ウ G—エ
(3)D・G（順不同）

p.26〜27 **ぴたトレ3**

1 (1)①五音七音のリズム
②心地よく
(2)イ
(3)寒いねと声
(4)①二（句切れ）
②イ・ウ（順不同）
(5)例「我」と「君」とで、デートに対する思いに差がある点。

2 ①投稿欄 ②珍 ③磨 ④皆

考え方

1 (1)①・②文章五行目の「五音七音のリズムは、日本語を心地《ここち》よく聞かせてくれる魔法のようなもの」とあることに着目する。
(2)文章八行目に「短歌は〜全てを説明することはできません」とあり、そのために、十二行目に「状況を全部は説明できないので〜絞って表現しました」とあることに着目する。
(3)「『寒いね』と…」の短歌のあとの解説を読むと、「寒いねと声……温かくなる」があてはまることがわかる。
(4)①意味を考えると、二句の終わりが「〜回れ」と命令形になっており、ここに句点を打つことができる。
②ア「倒置法」は、普通の文の語順を入れ替える技法。問題の短歌では語順は替わっていないので不適。イ「体言止め」は、短歌の終わりを体言（名詞）にして、余韻をもたせる技法。「一生《ひとよ》」は名詞なので、適当。ウ「対句」は、二つの事柄を似た形式で対照的に表現する技法。「君には一日《ひとひ》」と「我には一生」が対句になっているので、適当。エ「擬人法」は、人でないものを人にたとえる技法。問題の短歌では見られないので不適。
(5)——線③の主部にあたる「この温度差が」に着目する。「温度差」とは、「ある物事についての関心や熱意の差」という意味でも使われる語で、問題の短歌では「デート」という「想い出」に対する「君」と「我」の思いの差が「一日」と「一生」とで表現され

ている。

文法の窓1／漢字を身につけよう③

p.28

ぴたトレ1

1 ①はろう ②かんこく ③わんきょく ④しっそう ⑤すいせん ⑥いしゅく ⑦はげ ⑧じょくん ⑨めいぼ ⑩わいろ ⑪かんかく ⑫ちゅうしゃ ⑬かお ⑭せつな ⑮そぼく ⑯ばく ⑰わざわ ⑱じょうみゃく ⑲じびか ⑳や

2 ①イ ②ア ③ウ

p.29

ぴたトレ2

1 ①よ ②ま ③む ④め ⑤め ⑥き ⑦きる ⑧きれ ⑨せ ⑩せ ⑪せる ⑫せれ ⑬こ ⑭き ⑮くる ⑯こい ⑰し ⑱し ⑲する ⑳すれ

2 ①かろ ②かっ ③い ④けれ ⑤だろ ⑥だっ ⑦で ⑧な ⑨なら（⑥と⑦は順不同）

3 ①ア ②イ ③オ ④ウ ⑤エ ⑥イ ⑦ア ⑧ウ ⑨ウ

考え方

1 ①〜⑫は接続する主な言葉を覚えると活用させやすい。スタートアップの活用形の欄《らん》を参考にして活用表を完成させる。⑬〜⑳は、特殊な活用をするカ行変格活用とサ行変格活用の活用である。特殊な活用はこの二種類しかないので、覚えてしまおう。

2 形容詞と形容動詞の活用表を完成させる問題。形容詞の活用は一種類、形容動詞の活用は基本形の「静かだ」と「静かです」の違いによる二種類がある。なお、形容詞と形容動詞には命令形がない。

3 動詞の活用の種類を見分けるには、それぞれの動詞に「ない」を付けるとよい。ア段の音に「ない」が続けば五段活用、イ段の音に続けば上一段活用、エ段の音に続けば下一段活用となる。カ行変格活用は「来る」のみ、サ行変格活用は「する」と「〜する」のみである。

壁に残された伝言

p.30

ぴたトレ1

1 ①じごく ②ひばく ③は ④か ⑤りょうない ⑥こんせき ⑦いっち ⑧ほのお ⑨はら ⑩あめつゆ ⑪ろうか ⑫りゅうさん

2 ①ざっとう ②じょうきょう ③ねむ ④はんきょう

3 ①ア ②ウ ③イ

4 ①伝言 ②奇跡 ③条件 ④意味 ⑤心 ⑥涙 ⑦あの日

p.31

ぴたトレ2

1 (1)ある人の連絡先
(2)原爆の直後
(3)イ
(4)ア

p.32〜33

ぴたトレ3

1 (1)①途方にくれた
②例何が書いてあるのか理解できず、わからないことばかりだったから。
(2)例伝言を書いた人の関係者が、いとも簡単にかすれた文字を読み取った点。
(3)ア
(4)①そして伝言
②例二度と戦争を起こしてはならないということ。

2 ①剝 ②痕跡 ③一致 ④廊下

考え方

1 (1)①文章三行目「発見された伝言を取材者として初めて見たとき〜」に着目する。「途方にくれる」は、〝どうしてよいのかわからなくて、困り果てる〟という意味。

②文章五行目「だが、〜」以下に着目する。伝言を初めて見た筆者には、「何が書いてあるか」「どこからどこまでが一つの伝言なのか」、文字さえ容易に追えず、書いてある内容も理解できず、わからないことばかりで「途方にくれた」のである。設問は理由を問うているので、文末は「〜から（ため）。」とすること。

(2)——線②の直後の文に「彼らはいとも簡単にそのかすれた文字を読み」とある。これが「驚くべきこと」の中心なので、この指示語の部分をその指し示す語句に置き換えて解答とすればよい。「彼ら」とは伝言を書いた人の「家族などの関係者」のことなので、「伝言を書いた人の関係者」とする。「その」とは「伝言」のことであるが、これはなくても文意は通じるので書かなくてよい。設問は「どのような点が『驚くべきこと』だった」かと問うているので、文末は「〜点。」とすること。

(3)——線③の直後の段落の最後に「伝言の文字の中から『あの日』があふれ出た瞬間だった」とあることに着目する。つまり、「あの日」のことが筆者に伝わった瞬間に、「涙が出た」のである。

(4)①文章第五段落の「伝言に刻まれた『あの日』のことは、その話を聞いた多くの人々に伝わっていった」に着目する。

②「あの日」とは、広島に原子爆弾が投下された日のことである。その日のことが無限に伝わっていくことで、どのようなことが期待されるかを考えてまとめればよい。解答例のほかに「原子爆弾が落とされた悲劇がどのようなものであったのかということ。」など、「戦争」や「原爆」についての自分の考え方を示すこと。

一〇〇年後の水を守る

p.34

ぴたトレ1

1

①じゅんかん　②いっきん　③にわとり　④ぶた

⑤さいばい　⑥ぼうだい　⑦きょだい　⑧か

⑨いっぱい　⑩はいき　⑪どじょう　⑫みす

p.35

ぴたトレ2

1

(1)ア

(2)イ

(3)飲み水・体を洗う水

2

①ウ　②ア　③エ　④イ

3

①水不足　②淡水　③バーチャルウォーター（仮想水）　④節水

p.36〜37

ぴたトレ3

1

(1)節水・雨水利用・工業用水の再利用（順不同）

(2)捨てられる

(3)例食べきれる分だけ作り、食べきって無駄にしない（こと。）

(4)ウ

(5)行きすぎた人間の行動が鏡に映ったもの

(6)例水問題を長期的に捉え、自然の摂理の中で水を大切に使う生活。

2

①鶏　②栽培　③膨大　④枯

考え方

1

(1)次の段落以降で、筆者は具体的な方法を述べている。段落冒頭の接続詞に着目すると、「まず」「次に」「また」の三つの接続詞があり、それらに導かれて三つの方法が明示されている。最初の二つは「節水」「雨水利用」と、「　」つきで出ているのでわかりやすい。文章中の次の「　」つきは「緑のダム」であるが、文脈から、これは雨水利用についてのものであると判断できる。その次の「再利用」が三つめのものとなるが、この言葉のままでは水の使い方としての意味が成り立たないため、読み進めたあとにある「工業用水の再利用」を抜き出す。

(2)——線②の直後に着目する。供給量の三分の一を捨てていることが明示されており、この一文が解答であると判断できる。なお、その後の「日本の食品」から始まる一文は、食品廃棄物の量が示されてはいるが、それが相対的にどういう数値であるかは述べられていない。よって、「残飯大国」であることを明確に示している前の文を選ぶ。

(3)指示語「これ」は直前の一文を指すことが文脈からわかるので、「〜こと。」に続く形でまとめる。「食べきれる分だけ作り、きちんと食べきる」なども正解とする。

(4)——線④がある文の直後の一文で理由が述べられており、「〜からだ。」が見分けるポイントとなる。

(5)最終段落の前半で明示されている。「行きすぎた……が、水問題である。」とあり、「が、」の前がちょうど十八字なので、解答であると判断できる。

(6)最終段落の後半に筆者の主張がまとめられている。水問題は現代の課題であるとともに、それをなおざりにすると、次の時代の生活を大きく変える課題である。筆者が最後の行の「一〇〇年後の水を育む生活」にこめた思いは、タイトルの「一〇〇年後の水を守る」に共通する。——線⑥の直前にある結論を簡潔にまとめ、「長期的に捉え」て、自然と折り合いをつけながら、「身近な水を大切に使う生活」の内容があれば正解とする。

読解テクニック

1 (4)**理由を問われたときは「〜から」「〜ので」を探す！**

「なぜですか」「その理由を説明しなさい（次から選びなさい）」などの問題では、——線部の近くで「〜から」「〜ので」を探すと、そこに解答を見つけられることが多い。また、記述式で理由を問われた場合は、「〜から。」と結んで答えよう。

言葉発見③／漢字を身につけよう④

p.38

ぴたトレ1

1 ①さかのぼ ②にせき ③ろうかく ④ぶっとう ⑤ぼうせき ⑥せんか ⑦うかが ⑧いれいひ ⑨じゅんたく ⑩こうどう ⑪がっぺい ⑫てんぽ ⑬いしょう ⑭こ ⑮せいち ⑯とうじき ⑰かせん ⑱みょうじょう ⑲しだい ⑳ひあ

2 ①ウ ②ア ③イ

p.39

ぴたトレ2

1 ①季節 ②家具 ③文具（「文房具」「ステーショナリー」も可） ④穀物（「穀類」も可）

2 ①ク ②イ ③カ ④オ ⑤ア ⑥キ ⑦エ ⑧ウ

3 ①（上位語）ヨーロッパ、（下位語）イタリア・フランス（順不同） ②（上位語）仏教建築、（下位語）五重塔・金堂（順不同）

考え方

1 ①「麦秋《ばくしゅう》」は「麦が熟する初夏の頃」を意味する。上位語を「春・夏・秋・冬」の四つとして、どの下位語にあたるかを問われた場合は、「秋」ではなく「夏」の下位語となる。間違えやすい語句なので、意味を覚えておこう。なお、「麦秋」「真冬」が入っているので、解答は「四季」ではなく、より広い概念を表す「季節」がよい。

2 「漢詩」は漢字でつづられた中国の詩であり、詩歌《しいか》（詩や歌）の中では「詩」に分類される。「大和歌《やまとうた》」は日本固有の歌を指し、「和歌」の異称である。「発句《ほっく》」は連歌・連句の最初の五・七・五の句を指し、それが独立して「俳句」となった。「川柳」は俳句と同様に五・七・五の形式だが、季語と切れ字をもたず、風刺やこっけいを詠むことが多い。

3 ②下位語の二つは、「五重塔」「金堂《こんどう》」であると比較的容易に判断できるが、上位語を「平安時代」と間違えないように注意する。「五重塔」「金堂」は仏教建築の一種であり、また、「五重塔」「金堂」は平安時代に建てられたものとは限らない。

枕草子《まくらのそうし》・徒然草《つれづれぐさ》

p.40

ぴたトレ1

1 ①むらさき ②おもむき ③ほたる ④しも
⑤あま ⑥もう ⑦いまし

2 ①キ ②エ ③カ ④ア
⑤イ ⑥オ ⑦ク ⑧ウ

3 ①平安 ②清少納言 ③宮廷 ④自然
⑤鎌倉 ⑥兼好法師 ⑦批評眼

p.41

ぴたトレ2

1 (1)イ
(2)(春)あけぼの、(夏)夜、(秋)夕暮れ
(3)②蛍 ③からす
(4)ア

p.42～43

ぴたトレ3

1 (1)例なすこともないまま
(2)ウ
(3)(結びの語)けん、(意味)イ
(4)参りたる人
(5)①石清水 ②山の上
(6)例小さなことにも、その道の指導者にいてほしいものである。

2 ①趣 ②蛍 ③霜 ④戒

考え方

1 (1)作品名の由来となった冒頭の有名な語り口である。「つれづれなる」はナリ活用の形容動詞「つれづれなり」の連体形で、「することがなく退屈だ。手持ちぶさただ。」などを表す。「することもないまま」「手持ちぶさたなまま」なども正解とする。

(2)――線②の直前にある「年寄るまで、石清水《いはしみず》を拝まざりければ」が、「心うく(残念に)」思ったことである。「ければ」の「ば」は、ここでは原因・理由を表す接続助詞として使われており、「～ので」「～から」の意味となる。

(3)文中の係助詞「か」は、文末を連体形で結ぶ決まりがあり、疑問の意味を添える。「なにごとかありけん」は、「なにかあったのだろうか」の訳となる。

(4)「ゆかしかりしかど」は「知りたかったけれど」という意味で、同じ文中の前半に法師がそう思った理由が書かれている。他の参拝客が山に登っていたことに興味を持ちはしたが、なぜそうしているかを確かめなかったため、問題(5)の結果となったのである。

(5)「神へ参るこそ本意《ほい》なれと思ひて、山までは見ず(本来の目的は神へお参りすることだと思って、山の上は見なかった)。」とあることから、山の上の石清水八幡宮《はちまんぐう》に参拝せずに終わったことがわかる。

(6)石清水八幡宮に参拝に行った法師は、山の上にある石清水を参拝せずに終わり、さらに自分の勘違《かんちが》いによって本来の目的を達していないことに気づいていない。そのことをふまえて、筆者は最後の一文を記している。「ささいなことでも、案内者がいるのが望ましいものだ。」なども正解とする。

読解テクニック

1 (3)**係り結びのルールを覚えて、読解に役立てる！**

古文には係り結びがよく出てくる。見分け方と意味を覚えておくと、読解に大変役立つ。見分け方としては、文中の「ぞ・なむ・や・か・こそ」が手がかりとなり、この五つが古文によく出てくる係助詞である。文末の活用形は連体形か已然形《いぜん》となり、強調や疑問

の意味を添える。
・「ぞ・なむ」…連体形で結ぶ。強調の意味を添える。
・「や・か」…連体形で結ぶ。疑問の意味を添える。
・「こそ」…已然《いぜん》形で結ぶ。強調の意味を添える。

平家物語

p.44

ぴたトレ1

1
①かね ②ひっすい ③えいが ④う
⑤じん ⑥し ⑦いくさ
⑧つる ⑨ぬ ⑩いっき ⑪うすげしょう
⑫びれい ⑬く ⑭そで ⑮ふくろ

2
①ウ ②ア ③イ ④エ

3
①鎌倉 ②軍記物語 ③未詳 ④琵琶法師 ⑤漢語

p.45

ぴたトレ2

1
(1)②あらわす ⑤つい
(2)ア
(3)ひとへに
(4)イ

p.46〜47

ぴたトレ3

1
(1)大将軍
(2)ウ
(3)例 決してお逃げにはなれないでしょう。
(4)例 敦盛が討たれること。
(5)①小次郎 ②父 ③助け ④味方（土肥・梶原）
(6)情けなうも討ちたてまつるものかな。

2
①栄華 ②敷 ③鶴 ④袋

考え方

1
(1)「この殿」には、貴人に対する尊敬の気持ちが表れている。直実《なおざね》がこの話の中で尊敬語を使う相手は、直実より身分が高い敦盛《あつもり》だけであると考えられる。文章中には敦盛の名前が出ておらず、問題に「三字」とあるため、合戦で全軍を統率する将軍の呼称「大将軍」を答える。
(2)「雲霞《うんか》」は、「雲とかすみ」の意味に加え、「物が多く集まってくること」を表現する語である。「〜ごとく」とあることから、文字通りに「雲とかすみ」を表しているのではないと判断できる。
(3)「よも」は下に打ち消しの語をともなって、「決して」「よもや」などの意を表す副詞である。この部分は、「よも〜じ」で「決して〜ないだろう」の意味となる。
(4)大将軍である敦盛が置かれている状況を考えよう。敦盛にとって敵となる直実の味方の軍勢が迫っており、直実が敦盛を助けたとしても、敦盛には「死」しかない。討たれるという結果が同じであれば、苦しみの少ない形で自分の手にかけ、後のご供養《くよう》をしようと思ったのである。「敦盛の命が助からないこと。」なども正解とする。
(5)緊迫する状況と直実の心情の変化を丁寧に読み取ろう。手柄《てがら》が欲しいと思っていた直実は、大将軍（敦盛）を見つけて、首を取ろうと思ったが、我が子と同じくらいの年だとわかり、「助けたてまつらばや」と思う。しかし、味方の軍勢が迫っているのに気づき、他の人の手にかかるよりはと思い、「泣く泣く」大将軍の首を切る。『平家物語』の中でも、物語の大きな転換点が描かれている名場面の一つである。
(6)「さめざめとぞ泣きゐたる」直実のつらい気持ちは、その直前にある会話文の最後の一文「情けなうも討ちたてまつるものかな」に集約されている。当初、手柄を望んでいた直実は、我が子と同じくらいの年の敦盛の首を取り、悲嘆にくれる。『平家物語』の冒頭文で語られる無常観と共通する、切なさとはかなさが胸に迫る。

漢詩の世界／漢文の読み方

p.48

ぴたトレ1

1 ①えんえい ②こうろう ③おどろ ④さら ⑤ほっ ⑥なが ⑦じょうへき ⑧じょじし

2 ①オ ②ウ ③カ ④ク ⑤ア ⑥キ ⑦エ ⑧イ

p.49

ぴたトレ2

1 (1)(形式)五言律詩
(押韻《おういん》)深・心・金・簪
(2)イ
(3)ア

漢字のしくみ1／漢字を身につけよう⑤ ①

p.50

ぴたトレ1

1 ①らいめい ②けいちょう ③ちょうこく ④にんしん ⑤とくめい ⑥しっそう ⑦さしょう ⑧どうい ⑨めいふく ⑩しゅっかん ⑪ろうおう ⑫あいしゅう ⑬ふ・がな ⑭しゃみせん ⑮たび ⑯ぞうり ⑰たち ⑱しない ⑲すもう ⑳えがお

2 ①ア ②ウ ③イ

p.51

ぴたトレ2

1 ①イ ②ア ③ア ④ウ ⑤ウ ⑥イ ⑦ウ ⑧ア ⑨ア ⑩イ

2 ①えっとう　ア ②ぞくほう　イ ③きょしゅ　ア ④さしょう　ア ⑤あんじ　イ ⑥かいせい　イ

3 ⑦かんきん　ア ⑧じょしつ　ア
(1)①イ ②ア
(2)①イ ②ア

考え方

1 選択肢の熟語の構成は、アが「反対の意味をもつもの」、イが「主語と述語の関係になっているもの」、ウが「似た意味をもつもの」である。

3 (1)選択肢ア「師友」は「師匠と友人。師として尊敬するほどの友人。」の意味である。
(2)選択肢イ「鼻孔」は「鼻の孔（あな）」の意味である。

漢字のしくみ1／漢字を身につけよう⑤ ②

p.52

ぴたトレ1

1 ①しゅんそく ②びこう ③あいじょう ④にちぼつ ⑤がっしょう ⑥ちょうせん ⑦がいかん ⑧かいこん ⑨かっとう ⑩ちかく ⑪けんそん ⑫そうほう ⑬きっぽう ⑭ぶんだん ⑮こうはい ⑯つゆ ⑰さみだれ ⑱しぐれ ⑲ひより ⑳みやげ

2 ①イ ②ウ ③ア

p.53

ぴたトレ2

1 ①イ ②オ ③エ ④ウ ⑤ア

2 ①ア ②エ ③ウ ④イ

3 ①特急　とっきゅう ②原発　げんぱつ ③日銀　にちぎん ④地裁　ちさい ⑤模試　もし ⑥農協　のうきょう

4 ①たび ②ぞうり ③たち ④しない ⑤すもう ⑥えがお ⑦かぜ ⑧ここち

考え方

1 「非」と「否」は同じ音なので、似た熟語を混同しないように覚えておこう。

2 ①「御茶（おちゃ）」は「茶」を丁寧にいう語であるのに加え、「茶道」や「飲食を伴う小休止」などの意味でも使われる。
④「貴兄（きけい）」は男性に対する敬称で、「貴兄のご活躍をお祈りします。」などのように、手紙文によく用いられる。

3 二つの熟語に分解し、それぞれの一字目を残すのが基本ルールとなる。ただし、「高等学校→高校」などの例外もある。

4 熟字訓の読み方はすべて和語（訓読み）となる。
③「太刀」は「長くて大きい刀」のこと。「太刀を帯びる」ことを「太刀をはく」ともいう。

自立とは「依存先を増やすこと」

p.54

ぴたトレ1

1 ①くるまいす ②ににんさんきゃく
2 ①ふへん ②みな ③かいたく
3 ①イ ②キ ③オ ④ア ⑤ウ ⑥エ ⑦カ
4 ①障がい ②大学 ③一人暮らし ④自立

p.55

ぴたトレ2

1 (1)障がいは身
(2)イ
(3)「リハビリ（〜）」という確信

p.56〜57

ぴたトレ3

1 (1)親が容易には来られない
(2)案外優しい場所
(3)ウ
(4)たくさんの
(5)例大勢に介助してもらって、人や社会に関心をもつようになったから。
(6)友達や社会
(7)例自立と依存は、相反するものではないという考え。

2 ①共生社会 ②相互 ③車椅子 ④二人三脚

考え方

1 (1)——線①の直前の「それで」に着目する。「それで」の前に、筆者が「山口県から東京の大学に進学した」理由がある。
(2)親は、障がい者に「厳しい」社会に、息子が一人で出ることを心配した。第一段落の最後「でも」から始まる文に、「実際に一人暮らし」を始めた筆者の考えがある。ここから、「厳しい」と反対の意味の言葉を探し、「七字」で抜き出す。
(3)文章中の「好き勝手にご飯を……介助してくれたりしました。」から読み取る。ウ「宿題を手伝う」は、述べられていない。
(4)筆者が「トイレの介助を頼んだ」結果は、直後の文に「たくさんの人が助けてくれました」（＝介助をしてくれた）と明記されている。
(5)——線⑤を含む文で、入学当初とは変わった筆者の様子として「こうした経験から次第に人や社会に関心をもつようになり」とある。「こうした経験」は、(4)で確認したことであり、直前の文の「たくさんの人が助けてくれ」たことを指している。
(6)第四段落の最後の文に「一人暮らしをしたことで」とあり、その経験を通して、筆者が理解できた内容が続いている。
(7)——線⑥の二つ前の文で「『自立』とは、依存しなくなること」という一般的な考え方が示されている。この考えを「そうではありません」と筆者は否定している。筆者は、「自立」するために必要なこととして「依存」を捉えている。つまり、「自立」と「依存」は「相反するもの」ではない、という考えである。

読解テクニック

1 (7)指定語「相反するもの」の対象を考える！

「相反するもの」という指定語を用いて筆者独自の考えを答える問題では、①「相反するもの」は、何と何か、②一般的な考えとはどう違うのか、この二点を確かめて、筆者独自の考えを捉える。

p.58

文法の窓２／漢字を身につけよう⑥

ぴたトレ1

1 ①たんさく ②いかく ③しゅうちしん ④かんよう ⑤らくのう ⑥かま ⑦ほ ⑧か ⑨かまめし ⑩す ⑪に ⑫きゅうし ⑬つ ⑭じゅうてん ⑮けつまく ⑯ひふ ⑰しょほうせん ⑱かいぼう ⑲せきつい ⑳かみわざ

2 ①ウ ②ア ③イ

p.59

ぴたトレ2

1 ①イ ②ア ③エ ④ウ

2 ①キ ②ケ ③オ ④ア ⑤コ ⑥イ ⑦ク ⑧ウ ⑨カ ⑩エ

3 (1)①エ ②ウ ③ア ④イ
(2)①ウ ②イ ③ア

考え方

1 ①「暑い」（形容詞）につき、次に続く内容の理由を示している。
②「私」（名詞）につき、「趣味」に係る連体修飾語を表している。
③文末につき、疑問の意味を表している。
④「彼」を強調するはたらきをしている。

2 ①「させる」は、ほかにはたらきかけて動作を強制する意味を表す。
②「らしい」は、何らかの根拠に基づいて推しはかる意味を表す。
④「たがっ」は、希望の「たがる」の連用形。「会う」ことを希望するという意味。
⑤「そうだ」は、「なる」という終止形につき、他から聞いて知った意味を表す。「なりそうだ」の「そうだ」は、「なり」という連用形につき、そのような様子であることを示す。違いに注意する。
⑦「はった」は「はってある」と言い換えられ、「た」は存続の意味を表す。
⑨「ます」は、「始める」（動詞）につき、丁寧な気持ちを表す。

3 (1)①は、お客様を敬う意味、②は、「〜できる」という意味、③は、母からの動作や作用を受ける意味、④は、動作や作用が自然と起こるという意味を、それぞれ表している。
(2)①は父を例に挙げる意味、②は雪にたとえる意味、③は何らかの根拠に基づいて推しはかる意味を、それぞれ表している。

大阿蘇《おおあそ》

p.60

ぴたトレ1

1 ①えが（か） ②とら ③かれ ④ふんえん ⑤く・かえ ⑥う ⑦かくにん ⑧たんたん ⑨つ ⑩ゆうゆう

2 ①カ ②エ ③オ ④キ ⑤ア ⑥ウ ⑦イ

3 ①草千里浜 ②雨 ③馬の群れ ④草

p.61

ぴたトレ2

1 (1)噴煙 雨雲（順不同）
(2)ウ
(3)もしも百年
(4)イ

p.62

言葉発見④／漢字を身につけよう⑦

ぴたトレ1

1 ①いんこうか ②ま ③えっけん ④きょうじゅん

⑤まんえつ　⑥ほうしゅう　⑦しっと　⑧げんしゅく　⑨しんし
⑩せっとう　⑪ばいしんいん　⑫こんいん　⑬ひろうえん
⑭しんじゅ　⑮いち　⑯に　⑰こくだか　⑱せっかい　⑲たんもの
⑳あきな　㉑けいひん　㉒じゅみょう　㉓あやつ

2 ①イ　②ア

p.63

ぴたトレ2

1 ①オ　②エ　③キ　④ア　⑤イ　⑥ク　⑦カ　⑧ウ

2 (1)①カ　②ウ　③ク　④オ　⑤キ　⑥ア　⑦エ　⑧イ
(2)①Ⅰカ　Ⅱイ　Ⅲオ　②Ⅰエ　Ⅱア　Ⅲウ

3 ①ウ　②ア　③イ　④エ

考え方

1 ②「容易」は、たやすいこと。
③「薄情」は、愛情や情けが薄く、心が冷たい様子。
⑦「美点」は、すぐれた点、よいところ。
⑧「欠乏」は、物が足りないこと。

2 (1)②「創造」は、新しいものを初めてつくり出すこと。
④「原則」は、基本となるきまり。
⑤「一般」は、広く認められ、いきわたっていること。
(2)①「脱ぐ」は、いずれも体につけているものを取る、という意味である。逆に体につけるという意味で、Ⅰ「服を」、Ⅱ「靴《くつ》を」、Ⅲ「帽子を」のあとに、何が続くかを答える。
②Ⅰ・Ⅱの「開く」は、閉じていたものをあける、という意味である。逆に閉じるという意味で、Ⅰ「ドアが」、Ⅱ「目を」のあとに、何が続くかを答える。Ⅲの「開く」は、物と物の距離が大きくなる、という意味で、逆に小さくなるという意味で、「差が」のあとに、何が続くかを答える。

3 選択肢の動詞に当たる部分を、①〜④の「回す」にあてはめて、文が自然かで判断する。①「生活費に割り当てる（ウ）」、②「帽子を動かす（ア）」、③「正面玄関にさし向ける（イ）」、④「会社を運営する（エ）」となり、それぞれ自然な文なので、正しいと判断できる。

小さな手袋

p.64

ぴたトレ1

1 ①はんも　②ようせい　③こがら　④ひざ　⑤てさ　⑥ひとみ
⑦むすめ　⑧くろぐつ　⑨ふる　⑩ふ・め　⑪ばんしゃく
⑫さんとう（さんむね）　⑬しんりょうじょ　⑭しょうにか
⑮まつび　⑯たいりゅう　⑰ただよ　⑱ぎしき　⑲しょうげき
⑳やくざいしつ　㉑おさ　㉒はんい　㉓も　㉔かがや

2 ①イ　②ア

3 ①主人公　②入院　③父親　④語り

p.65

ぴたトレ2

1 (1)十月半ばの
(2)年老いた妖精
(3)ウ

p.66〜67

ぴたトレ3

1 (1)①おばあさん（おばあちゃん）　②妻の父
(2)ウ
(3)例シホの祖父が死去したこと。
(4)①雑木林から遠のいた　②Ⅰ死　Ⅱ深い傷
(5)例おばあさんのことを言って、（傷ついた）シホを刺激したくないという思い。

2 ①繁茂　②妖精　③小柄　④膝

考え方

1 (1)①「おばあちゃん」の言葉を伝えるシホの会話文に着目する。「こんなにおいしいお菓子を作ってくれるお母さんに、ぜひお会いしたいねえって。」から、妻は、シホが会いに行くおばあさんのために、お菓子を作ったことがわかる。

②――線①の直後に「実は、その頃、妻の父も脳卒中で倒れていた」とある。おばあさんと、脳卒中の病父とを、妻は心の中で重ねていたのである。

(2)「妻の父が二度めの脳卒中の発作を起こした」「父親の病床へ駆けつけた」「妻からの知らせを待つことになった」から、シホも落ち着かない状況であることが読み取れる。

(3)――線③の直後の文「シホにとっては、初めて体験する身内の不幸であった」から、祖父が死去したことがわかる。

(4)①おばあさんと会っていた場所は「雑木林」であり、シホは祖父の死去以降、その場所に行かなくなったのである。

②シホは祖父の「死」という不幸の体験から「深い傷」を負ってしまった。その傷の深さを表す「まるでおばあさんのことを忘れたように」というたとえの表現にも着目する。

(5)「おばあさんがシホを心待ちにしているだろう」ということを察しながらも、祖父の死という深い悲しみにくれるシホの心を思いやり、これ以上傷つけたくない、という両親の思いをまとめて答える。

読解テクニック

1 (5)**繰り返される重要語「自然」に注意する!**

シホの変化の様子は「きわめて自然」「そのような自然さ」と表現され、悲しむシホが自ら心のバランスを取っているという両親の捉え方が読み取れる。指定語の「刺激」と合わせて、シホの姿を尊重し、「刺激したくない」という両親の気持ちを答える。

---

p.68~69

ぴたトレ3

1

(1)例会いに来てくれる

(2)赤と緑の毛

(3)普通の五倍

(4)Ⅰイ　Ⅱオ

(5)涙でぬれた

(6)①Ⅰ住んでいた　Ⅱいるんだ　Ⅲぼけが激しく

②例以前のようにおばあさんと過ごせないことへの悲しみ。

2

①震　②晩酌　③末尾　④漂

考え方

1 (1)――線①の直前の「シホが会いにこなくなってから」に着目する。文章中の言葉を用いて、「会いにくる」「来てくれる」「雑木林に来る」などと答えてもよい。

(2)修道女が持ってきて見せてくれたものを捉える。指定字数が「二十字」なので、「手袋」を詳しく説明した部分「赤と緑の毛糸で編んだミトンのかわいい手袋」を抜き出す。

(3)――線③の「一か月半」は「普通の五倍も時間がかかる」、「あの不自由な手で」は「苦しい思いをして、ようやく編みあげた」と言い換えられ、おばあさんの「大変さ」がよく伝わってくる。

(4)おばあさんは、雑木林でシホを待っていたこと、修道女の言葉の「宮下さんは、よほどシホちゃんが好きだったのね。」、不自由な手で苦労して手袋を編んでくれたことなどから、おばあさんのシホに対する深い「愛情」が読み取れる。――線④の直後の「両手に包み……おえつが漏れ出た。」から、自分はおばあさんにひどいことをしてしまった、というシホの「後悔」が読み取れる。

(5)おばあさんの現在の様子を心配したシホは、「お元気ですよ。」という修道女の返事に安心し、「まだ、この病院に入院していらっしゃいます。」という言葉に、おばあさんに会える、と希望を感じている。「目が輝いた」は、明るい希望を表す表現である。

(6)①——線⑤の一つ前の修道女の会話文に着目する。現在のおばあさんは「周りの人を、みんな……大連にいるんだって思っている」ほど、「ぼけが激しく」なっている状況である。
②修道女の「会ってもしかたありません」「もうシホちゃんが誰なのか、わからない」に着目する。「おばあさんの気持ちに応えていればよかったという後悔。」「以前のようにおばあさんに会って話したいという気持ち。」「おばあさんが編んでくれた手袋を大切にしようという決意。」などと答えてもよい。

動物園でできること

p.70

ぴたトレ1

1 ①なんにょ ②おとず ③およ ④じっせん ⑤あた ⑥かちく ⑦いしょう ⑧うで ⑨しせつ ⑩しこうさくご ⑪はんしょく ⑫か ⑬そうしょくじゅう ⑭げんそうてき ⑮ほこ ⑯がけ ⑰さく

2 ①エ ②ア ③イ ④ウ

3 ①飼育係 ②楽しみ ③学び ④課題

p.71

ぴたトレ2

1 (1)絶滅の危機
(2)ともに生き
(3)ア

p.72〜73

ぴたトレ3

1 (1)①そして、こ ②見飽きた（よ） 憎たらしい （順不同）
(2)日本の四季
(3)地球上の生
(4)①例・エゾシカが岩山の上に登ってくるように餌の与え方を工夫した。
・エゾシカがハイジャンプできるように柵を設置した。
（順不同）
②ウ
(5)例人間と野生動物が地球上で幸せに共生できること。

2 ①及 ②家畜 ③腕 ④繁殖

考え方

1 (1)①筆者の思いは、「飽きることがなかった」「誇らしくさえ思ってきた」「つらかった」から読み取れるが、最終段落の最後の一文中の「野生動物と私たちがこの地球上でともに幸せに生きる道をひらく」と同様の思いは、第一段落の最後の一文中の「ともに生きているということを誇らしくさえ思ってきた」である。
②第二段落冒頭に、筆者が「つらかった」来園者の声が挙げられている。「エゾシカなんて見飽きたよ」「憎たらしい」に着目。
(2)——線②は、直前までの三文「春から夏にかけて……幻想的ですらある。」を受けている。季節によって変化するエゾシカの姿は、第一段落の二文目で「日本の四季に合わせた姿」と表されている。
(3)——線③の直前の「このように」は、前のジャイアントパンダに負けないようなエゾシカの展示の仕方を指している。この点については、ジャイアントパンダと違わない存在であると筆者は考えている。このことを端的に表した第二段落の「地球上の生物の豊かさを構成している一員」という表現が適切である。
(4)①エゾシカの能力は「ハイジャンプや崖登り」である。これらを生かすための工夫は、第三段落の半ばに「岩山の上に登って……設置したりして」と説明されている。二点に分けてまとめる。
②展示の目的は、第四段落の最後の一文中の「もっと知りたい、彼らの環境を守りたいという気持ちを引き起こし」、動物園が「豊かな『学びの場』となる可能性を広げてくれる」に示されている。
(5)——線⑤の直後の一文に筆者の願いが述べられている。「野生動物と人間の共生について多くの人に考えてもらうこと。」「人間と野生動物の共生を実現させること。」などと答えてもよい。

漢字のしくみ2／漢字を身につけよう⑧

p.74

ぴたトレ1

1
①しゅいろ ②もちゅう ③ねんぽう ④ごいし ⑤のきさき
⑥さんばし ⑦わくない ⑧しへい ⑨だせい ⑩ざんしん
⑪けっさく ⑫あいまい ⑬いちまつ ⑭まさつ ⑮へいがい
⑯だんがい ⑰こうてつ ⑱ぶじょく ⑲ふんがい
⑳ふんきゅう ㉑えつらん ㉒ただ ㉓はんよう ㉔ていさい

2
①ア ②イ

p.75

ぴたトレ2

1
(1)①ほんね ②えんがわ ③きゃくま ④ぞうき ⑤しんがた
⑥どて
(2)イ・エ・オ（順不同）

2
(1)①やちん ②あいず ③あたまきん ④てほん ⑤たかだい
⑥あまぐ
(2)ア・ウ・オ（順不同）

3
(1)①機嫌 ②起源 (2)①干渉 ②鑑賞 (3)①想像 ②創造

考え方

1
(1)①〜⑥の全てが「音読み＋訓読み」になっている。
(2)イ「ダイ（音読み）＋どころ（訓読み）」、エ「ホン（音読み）＋や（訓読み）」、オ「シン（音読み）＋がお（訓読み）」である。

2
(1)①〜⑥の全てが「訓読み＋音読み」になっている。
(2)①ア「ゆう（訓読み）＋カン（音読み）」、ウ「み（訓読み）＋ブン（音読み）」、オ「ば（訓読み）＋ショ（音読み）」である。

3
(1)①「機嫌」の「機」を「気」と書かない。②「起源」は、物事の起こりという意味。「起」を「紀」と書かない。
(2)①「干渉」は、他人のことに口出しすること。②「鑑賞」は、絵や音楽などの芸術作品を見たり聞いたりして深く味わうこと。「観賞」は、見て楽しむという意味。違いに注意する。
(3)①「想像」は、経験したことのない物事を心の中に思い描くこと。②「創造」は、新しいものを初めてつくり出すこと。意味の違いに注意する。

走れメロス

p.76

ぴたトレ1

1
①ぼうぎゃく ②びんかん ③はなむこ ④はなよめ
⑤けいり ⑥みけん ⑦ちょうしょう ⑧いのちご ⑨ていしゅ
⑩しんろう ⑪せんせい ⑫よい ⑬よ ⑭こぶし ⑮はんらん
⑯はしげた ⑰さんぞく ⑱なぐ たお ⑲あざむ ⑳みにく
㉑ぜんらたい ㉒じょじょ ㉓ほうよう ㉔もうそう

2
①イ ②ア

3
①邪悪 ②忠誠 ③竹馬

p.77

ぴたトレ2

1
(1)その王の顔
(2)（メロス）最も恥ずべき悪徳 （王）正当な心構え
(3)イ

p.78〜79

ぴたトレ3

1
(1)①疲労回復 ②水を両手で
(2)義務遂行の希望・名誉を守る希望（順不同）
(3)イ
(4)例信頼に報いること。
(5)道行く人を
(6)例日没までにシラクスに着けるという希望。

2
①敏感 ②花婿 ③亭主 ④酔

考え方

1 (1)①――線①の直後に「肉体の疲労回復」とある。疲労感が消えたので、「歩ける。行こう。」と思えたのである。

②メロスの行動を探すと、――線①の二文前が「水を両手ですくって、ひと口飲んだ。」となっている。水を飲むことで、のどの渇きが癒されて、元気が出てきたのである。

(2)――線②の直後の二文で「希望」についての説明がある。「～の希望」「……希望」の形の文を抜き出す。

(3)――線③は、二つの希望が生まれたあとの描写である。直後の「日没までには、まだ間がある」にも着目すると、メロスが「王」と約束した「日没」までに城に戻り、約束を果たせそうな希望がわいてきた様子が読み取れる。

(4)――線④の直前に「私は、信頼に報いなければならぬ。」とあり、これを受けて「その一事」と表現している。

(5)最後の段落の冒頭に、「道行く人を押しのけ、……走った。」とある。「黒い風のように」は、速く走るメロスを「黒い風」にたとえて、メロスが走る勢いやスピードを表している。

(6)メロスが目指すシラクスの町がようやく実際に見えて、もうすぐ着けることを実感し、希望を強めている部分である。「きらきら光っている」は、希望の明るさを強調する表現である。「シラクスにいる王と約束した日没までに帰れる希望。」「セリヌンティウスの命を救うため、日没までにシラクスに戻れるという希望。」などと答えてもよい。

読解テクニック

1 (6)指定語「日没」「シラクス」の使い方に注意する！

「日没」は時間、「シラクス」は場所を表す言葉。「日没」までに「シラクス」に戻る、が基本形であるが、「日没」は王と約束した期限で、「シラクス」は王やセリヌンティウスがいる場所でもある。これらの要素を適切に用いて、どのような希望かをまとめる。

---

p.80～81

ぴたトレ3

1 (1)セリヌンティウス (2)群衆 (3)私は、途中 (4)例(約束の)期限までに帰ってこない (5)イ (6)Ⅰ例信実は空虚な妄想ではない Ⅱ例恥ずかしい (7)例(確かな)信実で結ばれている仲間。

2 ①宣誓 ②氾濫 ③欺 ④醜

考え方

1 (1)メロスの代わりに人質になった人物。――線①の四行後の「縄を打たれた」に着目する。

(2)――線②「口々に」は、大勢の人がそれぞれ口に出して言うこと。刑場《けいじょう》にいる大勢の人を表す言葉を探す。

(3)メロスは、自分が悪いことをしたので、殴って戒めてほしいと思い、わざわざ申し出ている。――線③の直後の「悪い夢」とは、セリヌンティウスを裏切る心をもったことである。

(4)――線④の「疑った」は、メロスが自分を裏切り、約束通りに城に帰ってこないのではないかと思ったこと。「王と約束した期限を守らない」、「王に言われた期限を破る」などと答えてもよい。

(5)――線⑤は、メロスとセリヌンティウスが同時に言った言葉で、互いに相手への感謝を表している。「殴れ」と互いに言って、「刑場いっぱいに鳴り響くほど音高く」「腕にうなりをつけて」殴った様子から、イ「手加減せずに」殴って、自分の申し出どおりに裏切りの心を戒めてくれたのである。

(6)Ⅰ――線⑥の直後「こう言った」内容をおさえる。直後の会話文中で、王が、メロスとセリヌンティウスの関係を見て、気づいたことや、考えを改めたことなどに着目する。

Ⅱ――線⑥「顔を赤らめて」は、一般的には恥ずかしさ、興奮、怒りなどを表すが、ここでは王が自分自身に対して感じる「恥ずかしさ」が適切。ほかに「情けない」「嘆かわしい」「反省する」「改心する」などと答えてもよい。
(7)王が「信実とは、決して空虚な妄想ではなかった」と言っているのは、メロスとセリヌンティウスは「信実」で結ばれている「仲間」であると理解したからである。「信実を体現し合っている仲間。」「強固な信実を築き合っている仲間。」などと答えてもよい。

漢字を身につけよう⑨／歌の言葉

p.82

ぴたトレ1

1 ①どんよく ②だきょう ③らつわん ④へんずつう ⑤なや ⑥ぐち ⑦たいまん ⑧しんぼう ⑨おに ⑩さいむ ⑪そぜい ⑫るいけい ⑬こうにゅう ⑭たいかん ⑮かんげん ⑯ふっとう ⑰ちゅうしゅつ ⑱おじ ⑲むすこ ⑳うば ㉑はたち ㉒いくじ ㉓いなか ㉔じゃり

2 ①ア ②イ

3 ①365日 ②紙飛行機 ③比喩 ④反復法

p.83

ぴたトレ2

1 (1)元気が出な
(2)イ
(3)ア
(4)Ⅰ愛 Ⅱ願い
(5)ア
(6)ウ

文法のまとめ

p.84〜85

ぴたトレ3

1 (動詞) 行き にぎわっ い なり (順不同)
(形容詞) すばらしかっ おいしく 楽しい (順不同)
(形容動詞) 有名な 素敵で (順不同)

2 (1)ウ (2)エ (3)イ (4)ア

3 (1)オ (2)ア (3)ウ (4)エ (5)イ

4 (1)イ (2)ア (3)イ (4)ア

5 (1)オ (2)ウ (3)エ (4)カ (5)ア (6)イ

6 (1)ウ (2)ア (3)イ (4)エ

7 (1)エ (2)ア (3)オ (4)カ (5)ウ (6)イ

8 (1)たい (2)ない(ぬ) (3)そうだ (4)れる (5)だ(です) (6)せる

考え方

1 それぞれを言い切りの形に直して、品詞を判断する。
・「行き」→「行く」、「にぎわっ」→「にぎわう」、「い」→「いる」、「なり」→「なる」、全て終わりはウ段で動詞。
・「すばらしかっ」→「すばらしい」、「おいしく」→「おいしい」、「楽しい」、全て終わりは「い」で形容詞。
・「有名な」→「有名だ」、「素敵で」→「素敵だ」、全て終わりは「だ」で形容動詞。

2 基本は「ない」をつけ、直前の活用語尾の形で活用の種類を判断する。
(1)「持たない」…「た」はア段なので、五段活用。
(2)「すれ」は言い切りが「する」なので、サ行変格活用。
(3)「着ない」…「き」はイ段なので、上一段活用。
(4)「食べない」…「べ」はエ段なので、下一段活用。

3 連なる言葉や用法から、活用形を判断する。
(1)「話せ」…命令して言い切っているので、命令形。
(2)「書いた」…「た」に連なっているので、連用形。

(3)「歌うこと」…「こと」に連なっているので、連体形。
(4)「合えば」…「ば」に連なっているので、仮定形。
(5)「休む」…言い切っているので、終止形。

4 (1)・(3)「速度を」「葉を」と「を」を伴い、他に及ぼす動作を表しているので、他動詞。(2)・(4)は「車は」「私は」などの主語を補うことができるので、自動詞。

5 (1)連体修飾語を表す「の」。
(2)相手や対象を表す「に」。
(3)主語を表す「が」。
(4)動作の起点を表す「から」。
(5)目的や対象を表す「を」。
(6)手段や材料を表す「で」。

6 (1)「本」につき、限定の意味を添えている。
(2)「三日」につき、程度の意味を添えている。
(3)「目玉焼き」につき、他を類推させる意味を添えている。
(4)「おやつ」につき、例示の意味を添えている。

7 (3)「ぞ」は、同意を求めながら強調する意味を添えている。
(4)「ぜ」は、親しみをこめて軽く念を押す意味を添えている。

8 (3)人から伝え聞いたことを表すので、「そうだ」があてはまる。
(4)「行く」(五段活用)につく場合、「れる」があてはまる。

p.86~87

ぴたトレ3

1 (1)Ⅰに　Ⅱられ　(2)Ⅰに　Ⅱれ
2 (1)イ　(2)ア　(3)ア　(4)イ
3 (1)ウ　(2)イ　(3)ア
4 (1)ウ　(2)オ　(3)ア　(4)エ　(5)イ
5 (1)例姉と妹を私は追いかけた。
(2)例空港に着いた妹を兄は夕方に迎えに行った。
6 (1)私は弟の次郎と、犬のハナを探した。
(2)猫は、懸命に逃げるネズミを追いかけた。

7 (1)イ　(2)イ　(3)ア　(4)イ
8 (1)ウ　(2)イ　(3)ア　(4)ウ　(5)イ

考え方

1 (1)・(2)受け身の文に直すには、Ⅰには受け身の対象を表す格助詞「に」が、Ⅱには、受け身を表す助動詞「られ」「れ」が、それぞれあてはまる。

2 (1)・(4)「複雑な」「おだやかな」と言い換えられるので、イ。
(2)「急い」は、「急ぐ」の連用形のイ音便。「だ」は過去の助動詞。
(3)「です」は、丁寧な断定の助動詞。

3 (1)「知ら」という動詞につく打ち消しの助動詞。
(2)「暑くはない」と言い換えられる。「ない」は補助形容詞。
(3)「が」につき、有無を表しているので、「ない」は形容詞。

4 (1)・(2)動詞の終止形につく「そうだ」は、伝聞の意味で、動詞の連用形につく「そうだ」は、様態の意味である。
(3)「どうもあらしになるらしい」と言い換えられ、推定を表す。
(4)「まるであらしのような」と言い換えられるので、たとえを表す。
(5)「たとえば母のように」と言い換えられるので、例示を表す。

5 (1)はじめに追いかける対象を示し、「私は」をあとで示すとよい。
(2)「夕方に」と「着いた」を離す。「兄は空港に着いた妹を夕方に迎えに行った。」でもよい。

6 (1)「私」と「弟の次郎」をまとめる。語順は変えない。
(2)「猫は」で区切り、「懸命に」は「ネズミ」に係るようにする。

ポテト・スープが大好きな猫

p.88~89

ぴたトレ3

1 (1)大きく口
(2)イ
(3)魚釣りに一緒に連れていく
(4)例(猫は、きっと)ぐあいが悪いのだろう。

(5)おまえは今のおまえのままでいい
(6)ポテト・スープ
(7)例いつものように、おじいさんと一緒の毛布で寝ている姿。

2 ①田舎 ②励 ③捕 ④眠

考え方

1 (1)猫が鳴く様子を描写している一文を探す。――線①の直前の「大きく口を開け」「『うぉーん。』と鳴いて」に着目する。

(2)――線②の「なにやかや」は、いろいろという意味であるが、結局猫が魚をどうしたかは、――線⑤二文前「おじいさんは猫に魚のお礼を言いました」から、読み取れる。猫が泳いで魚をとって帰ってきたことがわかる。

(3)――線③を含む文の前の方「これからはどんなにぐあいが悪そうに見えても、おまえを置いてはいかないよ」が、「約束」の内容。同様の内容は、「魚釣りに一緒に連れていく」（十二字）である。

(4)――線④の内容は、直前の「ただうとうとしていた」ことである。――線③を含む文から、猫が「ぐあいが悪そうに見え」たので、おじいさんは猫を置いていったのだとわかる。「きっと」に呼応するかたちで書き、「年をとりすぎたのだろう。」と答えてもよい。

(5)――線⑤では、一般的な猫の役割にとらわれなくてよい、という考えが示されている。のびのび自分らしくいてほしい、という気持ちは、直後の「今のおまえのままでいい」にも表れている。

(6)おじいさんが「口笛を吹きながら」作り、猫は「横になり、ごろごろと喉を鳴らして」いることから、両者が「ポテト・スープ」が大好きで、リラックスの象徴であると読み取れる。

(7)――線⑥の直前の文に「まだ機嫌が戻らない」猫は、「おじいさんと一緒の毛布では寝て」いないことから、いつもは機嫌よく猫がおじいさんと一緒の毛布で寝ていることがうかがえる。――線⑥の「また」は、いつもどおりに、という意味である。

読解テクニック

1 (7)**主語を確認して、それに続くように「どうしている姿」の部分を答える！**

――線⑥の主語は「ふたりは」であるが、設問文では「猫」がどうしている姿が読み取れるか、と問われている点に注意する。解答は、猫の動作や様子をまとめて、「〜（し）ている姿。」と書く。指定語「いつものように」を入れるので、解答部分は、猫がいつもしている動作や様子が入ると判断できる。

p.90〜91

むさぼり

ぴたトレ3

1 (1)父の重臣
(2)例変わったことはない
(3)例マテオが暗殺された
(4)ア
(5)人間を美徳
(6)我慢強い温厚な男・欲のない男（順不同）
(7)例（人間とは、）本当の姿を隠そうとする複雑な化け物である。

2 ①廊下 ②安眠 ③哀 ④与

考え方

1 (1)――線①の二文あとの「扉の外には、父の重臣が」に着目する。

(2)重臣の「ご身辺に変わったことは？」という問いに対する答え。文章中の言葉を用いるので、「身辺に変わりない」「何も変わりない」などと答えてもよい。

(3)――線③「そのように」は、直前の「マテオは私の身代わりになった」を指している。その前のやりとりで「暗殺されました」と言っている。「マテオが殺された」「いとこが命を奪われた」などと答えてもよい。

(4)それまでの会話で、「女と一緒に……救われた」とあり、「女」はモンテフェルトロ公の命を救うために訪ねてきて、目的を達して帰ったのだと考えられる。座っていた長椅子に「ぬれた野がもの羽」が落ちていたのは、自然に抜けたものと推察できる。

(5)――線⑤では、モンテフェルトロ公は善良な心で人を捉えていると述べている。これを否定して、モンテフェルトロ公は「人間を美徳だけ……わけではない」と、自分は人間の美徳のみでなく、冷静に多面的に捉えている、と言い返している。

(6)自分に対する人々の見方を表している部分に着目する。「ふだん人々は……だと言っている。」「人々は本来、私が……だと思っている。」の「……」にあたる言葉を答える。

(7)――線⑥は、「寡欲《かよく》でないからこそあえて寡欲を説いている」と言い換えられる。また、モンテフェルトロ公は「人間とは複雑な化け物」、表面と内面が反対であると述べている。「人間とは複雑な化け物で、表面と本当の姿が反対である（まったく違う）。」などと答えてもよい。

那須与一《なすのよいち》――「平家物語」より

ぴたトレ3

p.92~93

1
(1)六
(2)イ
(3)例なんとも晴れがましい情景である。
(4)例扇のまん中を射る（射当てる）
(5)かぶら
(6)夕日のかか
(7)例敵の見事な腕前に対する感嘆。

2
①二十歳（二十）　②絞　③戦　④白柄

考え方

1 (1)当時は「時刻法」といって、午前0時から前後二時間を「子（ね）の刻」として、一刻（二時間）ごとに十二支をあてはめる方法がとられていた。「酉（とり）の刻」は、午後六時からの前後二時間なので、「午後六時頃」といえる。

(2)与一が馬に乗って海に入って進みながら、平家の舟《ふね》の端に立てられた竿《さお》の先の扇を的にして射落とそうとしている場面である。――線②の直後の「舟は、揺り上げ揺りすゑ漂へば、扇も串《くし》に定まらずひらめいたり。」に着目する。舟が上下に動き、それにつれて的となる扇も揺れ動いてしまい、射る際にねらいが定めにくい状況である。

(3)「晴れならずといふことぞなき」という二重否定の表現であることに注意する。これを直訳すると「晴れがましくないということはない」となるが、指定語の「情景」を用いて、「（なんとも）晴れがましい情景である」と現代語に訳すことができる。これは、二重否定を用いることにより、晴れがましさを強調している表現である。

(4)与一が祈念した内容のうち、「あの扇のまん中射させてたばせたまへ」に着目する。これを現代語に訳すと「あの扇のまん中を射させてくださいませ」となる。設問で提示されている文の「自分がうまく」につながるようにするには、空欄に「扇のまん中を射る（射当てる）」などをあてはめるとよい。また、「扇を射落とせる」「矢を扇（の中央）に当てる」などと答えてもよい。

(5)――線⑤の「射切る」は「射当てて物を切り離す」という意味である。ここでは、矢が扇を射当てて、扇を竿から切り離すことを表している。「射切る」の主語は、「浦《うら》響くほど長鳴りして（浦一帯に鳴り響くほど長いうなりを立てて）」の主語でもある「かぶら（かぶら矢）」である。

(6)自然現象で色を想像させる表現や、色そのものを表す言葉などを手がかりにして、古文で描かれている色彩豊かな描写を捉える。最後の一文「夕日のかかやいたるに、……。」の「夕日」（赤）、「みな紅《くれない》」（全体が紅色）、「扇の日」（金色）、「白波」（白）などが鮮やかな色彩を想像させる表現である。

(7)――線⑥は、与一が見事に扇を射当てたことに対する平家の人々の反応である。「舟端をたたひて」は、敵でありながらも、素直にほめたたえている様子であり、「感じたり」からは、「感嘆」「感動」「感心」「賞賛」などの気持ちが読み取れる。「敵のすばらしい腕前への感動。」「敵の優れた腕前への賞賛。」「敵の腕前に素直に感心する思い。」などと答えてもよい。

読解テクニック

1 (7)「気持ち」を決めてから、指定語を用いて組み立てる!

まず、「感嘆」「感動」「感心」「賞賛」などの気持ちを表す言葉のうち、どの言葉を解答に用いるかを決める。それから、指定語「敵」「腕前」を用いて、十五字以内で収まるように、文章を組み立てるとよい。

見えないチカラとキセキ

p.94〜95

ぴたトレ3

1
(1)たとえミス
(2)ウ
(3)Ⅰ思いきってやって　Ⅱもうちょっと
(4)(最初)私って、こ　(最後)いのかな。
(5)例見えないことが言いわけにならないから。
(6)例見えなくても、世界を目指すことに挑戦する人生。

2
①踏　②実況　③衝撃　④腕

考え方

1 (1)「ミス」は悪いことではない、という先生の考えを表す一文を探す。「たとえミスを……ミスじゃない。」の一文には、ミスは次に生かせるものだ、という先生の考えが示されている。

(2)――線②の直前「次も失敗したらどうしよう。」に着目する。こう思ったときの「私」の気持ちは、失敗に対する「不安」であると判断できる。

(3) Ⅰ に入る言葉を探すには、ミスをした「私」に仲間がかけてくれた言葉「失敗してもいいから思いきってやってみて。」に着目する。この言葉によって、「私」は失敗を恐れないこと、思いきってやってみること、の大切さに気づかせてもらえたという文脈になっている。

Ⅱ に入る言葉を探すには、筋力トレーニングがキツくてやめようかなと思う「私」が、隣で「歯を食いしばってがんばっている先輩の姿」を見て、どうしたかに着目する。自分も、「もうちょっとがんばろう。」という刺激をもらったという文脈になっている。

(4)逃げ腰になっているもう一人の自分を感じていた「私」が、「このままじゃ嫌だ。」と強く思ったきっかけに着目する。「このままじゃ嫌だ。」の直前に「そう考えたとき」とあるので、「そう」が指す内容を捉える。「私って、このまままいつまでも……続けるのかな。」「〝見えない〟ことから一生逃れられないのかな。」の二文は、「自問自答をしている部分」に該当する。したがって、この二文の最初と最後の五字を抜き出す。

(5)――線⑤の直後に「ゴールボールは全員が目隠しをした状態でプレーをします。」とある。みんなが自分と同じ状態でプレーをすることから、見えないことが言いわけにできないので、自分には「最適」だと思ったのである。「自分の言いわけが通用しないから。」「みんな同じ条件なので、言いわけできないから。」などと答えてもよい。

(6)――線⑥の直前の「この見えないことが言いわけにならないスポーツで世界を目指してみたい。」に、「私」が、今までの人生からどんな人生に切り替えたいと思っているかが、表されている。「見えないことから逃げずに、ゴールボールの世界一に挑戦する人生。」「みんなが見えないという条件でするスポーツで、世界に挑戦する人生。」などと答えてもよい。

p.96

水田のしくみを探る

ぴたトレ3

1
(1)イ
(2)水の貯金
(3)蒸散作用・光合成（順不同）
(4)例将来のために水をたくわえたり、空気を調節してきれいにしたりすること。

2
①知恵　②凝　③土壌　④漏

考え方

1
(1)――線①以降に、水田に張られた水について、地下にしみ込む→大部分は帯水層にたまる→川の水や湧《わ》き水になる→農業用水や生活用水に利用される、とある。したがって、何に用いるかであてはまらないものは、工業である。

(2)――線②の二つあとの文に「深層地下水層は水の貯金といえるものです」という説明がある。

(3)――線③の「これ」とは、第一段落で説明されている自然環境によい影響を与えている水田のはたらきである。――線③以降に、このほかの水田が自然環境によい影響を与えていることとして、稲《いね》の二つの作用についての説明がある。まず、「水田の稲の蒸散作用によって、空気中の湿度や温度が調節される」と、「蒸散作用」について説明している。次に、「水田の稲が吸収する二酸化炭素と、放出する酸素の量は膨大」であり、「空気をきれいにするためにも役立っている」と稲の「光合成」について説明している。これらの二つの作用を、一語ずつの形で答えるとよい。

(4)第一段落では「水」について、水田の水による「水の貯金」を「大切に守り、将来のために増やしていかなければなりません」と述べられている。また、第二段落では「空気」について、「空気中の湿度や温度が調節される」「水田は空気をきれいにするためにも役立っている」と述べられている。「水の貯金をつくったり、空気中の湿度や温度を調節したり、きれいにしたりすること。」「水を守って増やしたり、空気中の水分を調節したり、空気をきれいにしたりすること。」などと答えてもよい。

p.98

定期テスト予想問題 1

(1)①トリノ・黒岩先生（順不同）
②例瀬尾くんが背中のセミに気づいて慌ててしまい
(2)イ
(3)例セミのいる短いロングホームルームだということ。

考え方

(1)①「私たち三人」とは、「瀬尾《せお》くんが右手を伸ばして左肩のあたりを触った」ことを見た三人である。その後、蛻《もぬけ》の殻の話題に関わった三人だと考えられるので、「私」とトリノと黒岩先生である。
②「私たち三人」が何を「クラスのみんなに見られるのを恐れた」のかを考える。瀬尾くんが背中のセミに触りそうになって「息をのんだ」ので、瀬尾くんがセミに気づいたことを恐れていると考えられる。しかし瀬尾くんがセミに気づいたことを「クラスのみんなに見られる」ことは、恐れるほどでもないと考えられる。「瀬尾くんの繊細さを見習ってほしい」とあることから、繊細な瀬尾くんがセミで騒いでしまうかもしれないと考え、それを見られたくないと思ったのだ。

(2)「蛻」とは「セミとかヘビとかの、抜け殻」だと知っているトリノは、瀬尾くんの背中のセミを見て、この言葉を思い出したのだ。

(3)「セミロングホームルーム」の「セミ」には、生き物のセミと、半分という意味の「セミ」がかかっていることをまとめる。

p.99

定期テスト予想問題 2

(1)例 瀬尾くんの背中のセミを逃がした
(2)例 瀬尾くんは背中にセミが止まっていること
(3)やりました・黒岩先生が（順不同）
(4)ア

考え方

(1)「私たち」が何をしたかというと、瀬尾《せお》くんの背中のセミを逃がしたことである。これを「守りぬいた」と表現している。
(2)何にトリノが驚いたかを考える。瀬尾くんが「ありがとう」と言ったことに驚いたので、瀬尾くんにお礼を言われるとは思っていなかったということである。トリノは瀬尾くんが背中のセミに気づかないうちに、背中のセミを逃がしたと思っていたのである。
(3)「やりましたよ、黒岩先生。」とは、「私たち」が瀬尾くんの背中のセミを逃がしたことを先生に伝える文である。先生が背中のセミを知っていなければ伝えることもないので、先生が知っていることを思わせる。「黒岩先生が妙な注意の仕方をした。」は、先生はトリノが瀬尾くんの背中のセミを逃がすために立ったことを知っているので、授業中に勝手に立ったトリノに対し「座っていい」とおかしな注意をしたという文である。
(4)起こった出来事を余計な言葉を入れずに淡々と描写しつつ、「セミから瀬尾くんを守りぬいた」と大げさに表現したり、事情を知っている先生が「妙な注意の仕方をした」と描写したりしている部分にユーモアを感じさせる文章である。

p.100

定期テスト予想問題 3

(1)①例 かつて洪水が起こった証拠である、形の細長い岩が同じ方向を向いているのが見つかったこと。
②例 一部は永久凍土として地下に埋まっている。
(2)例 地球は生命が育まれる条件がみごとにそろった、かけがえのない星だから。
(3)例 火星の地下の氷を溶かして水にすること。

考え方

(1)①指定された「岩」「洪水」に着目すると「形の細長い岩が同じ方向を向いている」ものが「洪水が起こったと考えられる決定的な証拠」となったとあるのがわかる。このことを「何によって」という問いの答えとなるようにまとめる。
②「かつて火星に存在した水の一部が、地下に永久凍土として埋まっていることを確認」とある。これが火星の水について現在わかっていることである。
(2)前の文に「生命が育まれる条件がみごとにそろった地球は、かけがえのない星」とある。かけがえのない星なので、大切にしていくことが重要なのだ。
(3)前の段落に「この氷を溶かして水にすることができたら、私たちが火星に移り住む可能性は広がります」とある。「この氷」が火星の地下にある氷であることを明らかにしてまとめる。

p.101

定期テスト予想問題 4

(1)アB イF
(2)アD イG ウE エA
(3)Ⅰ草わかば Ⅱ色鉛筆
(4)例 死が迫っている母に、なんとしても一目会いたいという気持ち。

考え方

(1)Bは、「一目見ん一目みん」と同じ言葉が繰り返されているので、反復法。Fは、列車から見える「向日葵《ひまはり》」を少年がふっている「帽子」にたとえている。「ごとし」（＝～のようだ）を用いて直接たとえているので、直喩。
(2)Dでは、「白鳥」が空や海の青に染まらず、独り白い姿で飛び漂《ただよ》う様子を見て、作者は哀《かな》しくないだろうかと語りかけている。Gでは、洗われている猫が泡まみれで逃げ出すというユーモラスな情景と、「永遠」をテーマに、無気力でどこか投げやりな気分を「どこにも無いさ」という若者らしい口調で表している。Eは、草原に寝転んだ自分の夢やあこがれが空に吸い込まれそうだ、と作者が十五歳の頃を回想した短歌である。Aでは、柔らかい針のような薔薇《ばら》の新芽が春雨《はるさめ》にぬれる様子が、「の」の優しい響きに包まれ、歌い上げられている。

(3)草原のわかばの緑の上に、色鉛筆を削るにつれて出てくる赤い粉が散る鮮やかな様子を、対比させて描いている。それをよく見ようと、作者は腹ばいになって削っているのである。

(4)故郷「みちのく」（＝東北地方）にいる母が危篤《きとく》であると知らせを受け、急いで駆けつけるときの作者の心境が詠《よ》まれている。祈りのような切々とした思いが、反復法で強調されている点に着目する。「死を目の前にしている母が命のあるうちに、なんとしても会いたいという強い気持ち。」などと答えてもよい。

p.102

定期テスト予想問題 5

(1)四方を海に囲まれた島国に住んでいる（から。）

(2)世界有数の水輸入国

(3)イ

(4)例 水の循環になるべく負担をかけない水の使い方をすること。

考え方

(1)――線①がある文の後半に着目する。「……のは、……からだ。」とあり、後半部で理由をはっきり述べている。

(2)――線②の直後の一文の「それどころか、実は、……のだ。」という文脈から、「……」にあたる部分が、筆者が明確に伝えたいことであると判断でき、字数もぴったり九字である。

(3)「日本の食生活は、確実に外国の水に頼っている」ことを説得力をもって伝えるため、筆者は「ボトル水」と「輸入している食品を作るのに必要な水」の二つの具体例を挙げ、数値を交えて実情を説明している。「ボトル水」の実情の要約がウであり、「輸入している食品を作るのに必要な水」の実情の要約がアである。「あてはまらないもの」を選ぶ問題なので、イが解答となり、さらにイの内容は文章中で述べられていることと異なる。

(4)最後の一文に着目し、「私たちができることは」のあとを答えるとよい。「水の循環に負担をかけないように水を使うこと。」など、内容をおさえつつ、より簡潔にまとめているものも正解とする。

p.103

定期テスト予想問題 6

(1)（係助詞）こそ、（結びの語）候へ、（意味）強調（強意）

(2)例 見苦しくも敵に後ろをお見せになるものよ。

(3)（③の主語）熊谷
（④の主語）大将軍

(4)例 大将軍がわが子と同じくらいの年齢であり、顔立ちも美しかったため。

考え方

(1)古文の係助詞は「ぞ・なむ・や・か・こそ」の五つが大半なので、これらを覚えておこう。この文中では「こそ」が使われており、係助詞「こそ」がある場合は文末を已然《いぜん》形で結ぶ決まりがあり、「候へ」が結びの語となる。「ぞ・なむ・こそ」は強調の意味を添え、「や・か」は疑問の意味を添える。

(2)「まさなう」の訳がポイントになり、基本の形は「まさなし（正無し）」であり、「見苦しい、ひきょうである、よくない」を意味する。敬語「たまふ」、詠嘆の終助詞「かな」の意味も含めて訳そう。「ひきょうにも敵に後ろをお見せになるのだなあ。」なども正解とする。

(3)古文では主語が明示されないことが多く、また、短い文章中で主語が変わることも多いので注意する。「招きければ」の部分は会話文から続く文脈のため、「熊谷《くまがへ》」が主語であると比較的容易に判断できる。「扇を上げて招きければ、」の現代語訳は「（熊谷が）扇を上げて差し招くと、」となり、「〜と、〜ところ」の意味を表す接続助詞「ば」のあとで主語が変わっている。熊谷が言葉をかけて扇を上げて差し招いた相手は、文脈から「大将軍」だと判断できる。なお、問題に「文章中の言葉を用いて」とあるので、「敦盛《あつもり》」や「平家の武者」ではなく、「大将軍」と答える。

(4)「いづくに刀を立つべしともおぼえず」の現代語訳は、「どこに刀を刺したらよいのかもわからない」となり、その前で「とつて押さへて首をかかん」としていた熊谷がためらっていることがうかがえる。——線⑤の直前の部分にその理由が書かれており、大将軍がわが子の小次郎《こじらう》と同じくらいの年齢だったことと、顔立ちが大変美しかったことから、熊谷は大将軍（敦盛）の首をかき切ることを一度ためらったのである。

読解テクニック

(3)(4) 接続助詞「ば」の前後では主語が変わることが多い！

古文に出てくる接続助詞「ば」には、いろいろな意味がある。(3)の問題での「ば」は事実を述べてあとに続ける「〜と、〜ところ」の意味を表し、(4)の問題の——線⑤の直前の「ば」は原因・理由を示す「ので、から」の意味を表す。「ば」の前後では主語が変わることが多く、(3)は解答と考え方に示したとおりである。(4)では、「ば」の前の主語は大将軍、「ば」のあとの主語は熊谷であり、読解テクニックの一つとして覚えておくと役立つ。ただし、例外もあるので、文脈をしっかりおさえながら判断しよう。

---

p.104

定期テスト予想問題 7

(1) イ
(2) ウ
(3) あまりにいとほしくて
(4) 例 わが子と同じくらいの年齢の大将軍（敦盛）の首を自らの手で切ってしまったこと。

考え方

(1) 基本の形は「まゐらす（参らす）」である。ここでは動詞・助動詞の連用形につく補助動詞（サ行下二段活用）として謙譲《けんじょう》の意を表し、「お〜申し上げる、〜て差し上げる」の意味となる。また、ここでは意志を表す助動詞「ん（む）」につながるため、未然形「まゐらせ」となっている。

(2) 熊谷の会話の内容と「涙を抑《おさ》へて」などの描写から、ウであると判断できる。助けたいのに、自らの手にかけざるをえないという過酷な状況が、戦場の悲惨《ひさん》さと『平家物語』独特の無常観を伝え、胸に迫る名場面である。

(3) ——線④の直前に着目する。いざ首を取ろうとするものの、「涙で目もくらみ気も動転して、前後もわからないように思われた」のは、相手（大将軍）のことを「あまりにいとほしく」思ったからである。なお、「いとほし」の意味は「愛《いと》おしい」ではなく、「かわいそう」の訳となるので注意する。

(4) ——線⑤がある文の直後の一文に、「情けなうも討ちたてまつるものかな」とあり、相手（大将軍）を非情にも討ちとることになった嘆きが読み取れる。相手（大将軍）がわが子と同じくらいの年齢であることが書かれているほうがよいが、「大将軍（敦盛《あつもり》）を助けたいと思いながら、自らの手で首を切ってしまったこと。」なども許容として正解とする。

p.105

定期テスト予想問題 8

(1)①七言絶句　②楼・州・流（順不同）
(2)①ア
　②孟浩然
(3)例孟浩然（旧友）を乗せた帆船が次第に遠ざかり、青い空のかなたに消えていく様子。
(4)例旧友との別れの悲しみ。

考え方

(1)①一句が七字で、四句からなっているので、七言絶句《しちごんぜっく》である。
②押韻《おういん》は偶数《ぐうすう》句の末尾《まつび》に似た響きの文字を置くのが決まりだが、七言詩では第一句の末尾も韻を踏むため、「楼・州・流」の三つとなる。
(2)①日本語では「亡《な》くなった人」の意味で使われることが多いが、漢詩や漢文では「古くからの友人、旧友」を指す。
②漢詩の題名に着目する。李白《りはく》が、旧友である孟浩然《もうこうねん》が広陵《こうりょう》に旅立つ際に詠《よ》んだ詩である。
(3)第二句の「煙花《えんくわ》三月」（春霞《はるがすみ》が立ち込め、花が咲き誇る三月）の華やかな情景から一転して、第三句では、「孤帆《こはん》」（長江《ちょうこう》に浮かぶ、ただ一つの船の帆《ほ》）が青空に吸い込まれるように見えなくなる様子を描き、旧友との別れの辛《つら》さを表している。「ただ一つの帆かけ船が遠ざかり、青空に吸い込まれるように見えなくなる様子」など、船（船の帆）が青空のかなたに見えなくなる様子が書かれていれば正解とする。
(4)題名と漢詩全体から考えると、旧友である孟浩然との別れを惜しみ、悲しむ気持ちが伝わってくる。なお、第四句では旧友が乗る船を見送ったあとのむなしい情景を倒置法を用いて描いている。「旧友との別れを惜しむ気持ち。」なども可とする。

p.106

定期テスト予想問題 9

(1)①ア　②イ　③エ　④ア　⑤イ　⑥ア　⑦ウ　⑧エ　⑨ウ　⑩ア
(2)①ウ　②イ　③カ　④ク　⑤ア　⑥オ　⑦エ　⑧キ
(3)①ウ　②イ

考え方

(1)①「どこ」（名詞）について、場所を表す。
②「読む」（動詞）の連用形について、順接を表す。
③文の終わりについて、疑問の意味を表す。
④「私」（名詞）について、主語を表す。
⑤「多い」（形容詞）について、理由を表す。
⑥「ここ」（名詞）について、起点を表す。
⑦「どこ」（疑問の意味をもつ名詞）について、不確実を表す。
⑧文の終わりについて、疑問の意味を表す。
⑨「先」（名詞）について、他と区別して取りあげる意味を表す。
⑩「先」（名詞）について、主語を表す。
(2)①先生への敬意を示している。
②不確かなことを推しはかって判断している。
③「降り出す」（動詞）の連用形について、物事の様子を表す。
④「ところ」（名詞）について、丁寧な気持ちで言い切っている。
⑤話し手・書き手のそうしようという気持ちを表す。
⑥話し手・書き手以外（弟）の願望を表す。
⑦話し手・書き手の「～しないだろう」という気持ちを表す。
⑧「友達」からの動作を受けるという意味を表す。
(3)①とウの「だ」は、断定の助動詞。アの「だ」は、過去の助動詞「た」が濁ったもの。イは「にぎやかだ」で形容動詞。
②とイは、過去の意味を表す助動詞の「た」。アは完了、ウは存続の意味を表す助動詞の「た」。

p.107

定期テスト予想問題 10

(1) (宮下さんの) 苦しい思い
(2) 例宮下さんに会えるという希望。
(3) (宮下さんは) 例急にぼけが激しくなり、シホが誰なのかわからないから。
(4) 例雑木林へ寄っていきたい、というシホの希望をかなえるため。

考え方

(1) ――線①の「おえつ」とは、声を詰まらせながら、激しく泣くこと。直前で、シホが手袋に顔を強く押しつけている点に着目する。宮下さんの「普通の五倍も時間がかかるという苦しい思い」とともに、自分に対する宮下さんの深い気持ちにも気づいたのである。
(2) ――線②の直後の「会いたい。会ってもいいですか。」から、シホが今すぐ宮下さんに会えると思っている様子がわかる。「宮下さんに会うことを強く願う気持ち。」「宮下さんに会えることへの喜び。」などと答えてもよい。
(3) 「シホは、すぐさま走りだそう」としたことを修道女が「押しとどめた」理由は、――線③の直後の会話文「会ってもしかた……激しくなりましてね。」から読み取れる。「(宮下さんは)シホが誰なのかわからないほど、急にぼけてしまい、会ってもしかたないから。」などと答えてもよい。
(4) ――線④の直前の「私はうなずいて」に着目する。その前に「シホが、雑木林へ寄っていきたい、と言った」とあるので、このシホの言葉に対して、「私」が了承する意味で「うなずいて」みせたと考えられる。そして、自転車を雑木林の方へと向かわせていたのである。したがって、「雑木林に寄っていきたい、というシホの思いに応えるため。」などと答えてもよい。

p.108

定期テスト予想問題 11

(1) 子供連れの　友達や恋人　(順不同)
(2) Ⅰ保護　Ⅱ調査や研究
(3) 例野生動物が暮らす環境を理解し、ともに生きることの意味や大切さを学ぶこと。
(4) 例楽しむ場と学ぶ場。

考え方

(1) ――線①「レクリエーション」とは、元気を回復するための休養や娯楽《ごらく》などの活動。動物園がそのような場であることを具体的に説明している部分を探す。文章の冒頭の一文の「……場所」に着目して、「誰が」「どうする」を含めて抜き出す。
(2) ――線②の直後の二文に着目する。空欄Ⅰは、直後の文から「野生動物の」に続く二字で、空欄Ⅱは、二つあとの文から「野生動物についての」に続く五字で、それぞれ抜き出す。
(3) ――線③を含む段落の最後の文「生きて動く……動物園なのである。」では、動物園で学べることがまとめられている。「彼ら」は「野生動物」であることを明確にして、解答をまとめる。
(4) 第一段落では、動物園には「レクリエーションの場」の役割があり、「動物園を楽しむ」ことについて述べられている。第三段落では「野生動物を保護」、「野生動物についての調査や研究」という役割について、第四段落では「野生動物や自然環境について学ぶ場」という役割についての説明がある。つまり、一つは「レクリエーション」「楽しむ」場、もう一つは「学ぶ場」に分けられる。「楽しみの場と学びの場。」「レクリエーションの場と学ぶことができる場。」などと答えてもよい。

定期テスト予想問題 12

(1) 餌の与え方を工夫した
柵を設置した （順不同）

(2) ①美しく、し
②例野生動物のことをもっと知り、彼らの環境を守りたいという気持ち。

(3) 例大いに楽しみながら、野生動物と人間の幸せな共生を実現するために大いに学ぶこと。

考え方

(1)——線①は、一行前の「すばらしい能力」と同じ意味を表している点に着目する。「エゾシカ」の「すばらしい能力」は、同じ文中の「ハイジャンプ」「崖登り」のことである。それらを来園者がよく見えるように工夫した行動を文章中から探す。「岩山の上に登ってくるように」「ハイジャンプができるように」をヒントに、「どうした」の部分を抜き出す。

(2)①——線②の直後の文から、「野生動物としての魅力」を列挙している部分を抜き出す。「どんな人でも魅了される」のは、どんなところか、という観点で、指定字数に合わせて抜き出す。

②——線②を見ることが、「その驚きと不思議に満ちあふれた感動の体験」と言い換えられている点をおさえる。続けて、展示を見ることで、どんな「気持ち」が引き起こされるかが説明されている。文章中の「彼ら」を「野生動物」に直して答える。

(3)——線③の直後の「そこ（＝動物園）で大いに楽しみ大いに学んでもらいたい。」が、筆者が来園者に期待することである。最後の一文には「学び」が野生動物と人間の「共生」を「ひらく力になる」という筆者の信念が示されている。「大いに楽しみ、大いに学んで、その学びを人間と野生動物の共生に生かす（役立てる）こと。」などと答えてもよい。

定期テスト予想問題 13

(1) 例三日後に王のもとへ帰ってくる

(2) Ⅰ帰ってこない
Ⅱ気味
Ⅲ信じられぬ

(3) 例約束（の時間）にわざと遅れてきて自分だけ助かる。

考え方

(1)——線①の直後の「逃がした小鳥」とは、メロスのことである。そのあとのメロスの会話文の「三日間だけ許してください」は、王に三日間だけ自由の身にしてほしいと頼んでいること、「ここに帰ってこなかったら」の「ここ」は、王のいる城を指している。メロスの言うことを王は「うそ」だと思ったのである。「三日め（の日暮れ）に王城に戻ってくる」などと答えてもよい。

(2)——線②の「願い」とは、三日間だけ自由の身にしてほしいというメロスの「願い」である。王が心の中で思ったことは、「生意気なことを言うわい。……やりたいものさ。」である。この部分から、空欄Ⅰは「どうせ」、空欄Ⅱは「がいい」、空欄Ⅲは「人は」に着目して、それぞれにうまくつながる言葉を探す。

(3)王に「おまえの心は、わかっているぞ」と言われたあとのメロスの反応に着目する。「メロスは悔しく、じだんだ踏んだ。ものも言いたくなくなった。」から、メロスが王の言葉に悔しさを感じ、激しい感情になり、気分を害していることも読み取れる。したがって、王が言う「おまえの心」とは、——線③の直前で王がメロスに「命が大事だったら、遅れてこい。」と言っているように、メロスが自分の命を大切にするために、最初から遅れてくるつもりだということで、これを聞いてメロスは憤慨している。「約束を破り、自分だけ殺されないようにする。」などと答えてもよい。

p.111

定期テスト予想問題 14

(1) 例 一度だけメロスが約束を破るのではないか
(2) 信実
(3) 例 信実は空虚な妄想である。
(4) 例 約束を守るために、なりふり構わず必死に走り続けてきたこと。

考え方

(1) ――線①の二文後の「私はこの三日の間、たった一度だけ、ちらと君を疑った」に着目する。セリヌンティウスは、自分にも一度だけメロスを疑う気持ちが芽生えたと告白している。ここでの「疑う」とは、約束を破る、帰ってこない、約束を守らないなどの意味。「一度だけ、メロスは裏切るのではないか」「一回だけメロスは帰ってこないのではないか」などと答えてもよい。

(2) メロスとセリヌンティウスは、互いに自分の過ちを率直に伝え合い、殴り合ったことで、許し合い、感謝し合っている様子を読み取る。この姿には、王がずっと信じられずにいた「信実」が、二人の間に存在していることが表されている。

(3) ――線③の直後の文「信実とは、決して空虚な妄想ではなかった」に着目する。王はメロスとセリヌンティウスの姿を間近に見て、自分のこれまでの「心」を改めているのである。改める前の王の考えを答えねばならないので、「信実とは、決して空虚な妄想ではなかった」の否定形を肯定形に変えて表す。

(4) 「真っ裸」でいる点から、メロスは余りにも必死で、自分の服が脱げたことも気にしていない様子が読み取れる。「なりふり」は「なりふり構わず」「なりふりを構う余裕がない」などと使う。「日没に間に合うように、なりふり構わず、一生懸命走り続けてきたこと。」「約束を守ることに必死で、なりふりを構う余裕がなかったこと。」などと答えてもよい。

p.112

定期テスト予想問題 15

(1) ① (品詞) Ⅲ (活用形) イ ② (品詞) Ⅱ (活用形) オ
③ (品詞) Ⅲ (活用形) ア ④ (品詞) Ⅰ (活用形) カ
⑤ (品詞) Ⅱ (活用形) エ
(2) ① 泳ぐ ② 読む ③ 言う ④ 打つ
(3) ① の ② で ③ に ④ が ⑤ ば ⑥ も ⑦ な ⑧ を
(4) ① 例 なることです ② 例 鍛えるためです
③ 例 片づけることです

考え方

(1) ① 言い切りは「おだやかだ」で形容動詞。「話す」に続く連用形。
② 言い切りは「まぶしい」で形容詞。「ば」に続く仮定形。
③ 言い切りは「静かだ」で形容動詞。「う」に続く未然形。
④ 言い切りは「来る」で動詞。カ行変格活用の命令形は「来い」。
⑤ 言い切りは「痛ましい」で形容詞。「事故」に続く連体形。

(2) 可能動詞は、五段活用の動詞が「～できる」の意味をもって、下一段活用の形になったもの。

(3) ① 「の」は、体言の代用をする格助詞。
② 「で」は、手段を表す格助詞。
③ 「に」は、時間を表す格助詞。
④ 「が」は、逆接を表す接続助詞。
⑤ 「ば」は、「～したら、当然…」と順接の仮定を表す接続助詞。
⑥ 「も」は、並立を表す副助詞。
⑦ 「な」は、禁止を表す終助詞。
⑧ 「を」は、対象を表す格助詞。

(4) ① 「夢は」に照応させて、「～ことです」の形に直す。
② 「走っているのは」に照応させて、「～ためです」と目的を表す形に直す。「鍛えたいからです」と理由を表してもよい。
③ 「予定は」に照応させて、「片づけることです」の形に直す。

教科書ぴったりトレーニング付録

赤シート×直前対策!

ぴたトレ mini book

教科書で習った順に
覚えられる!

新出漢字チェック!

国語 2年 三省堂版 完全準拠

＼赤シートで文字をかくせば両方に使えるよ! ／

書き取り

読み取り

「ぴたトレ mini book」は取り外してお使いください。➡

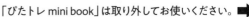

間違えやすい漢字は□の色が赤いよ!

セミロングホームルーム

教 20〜27ページ

□① みょうな話を聞いた。（妙）
□② セミの抜けがらが落ちている。（殻）
□③ 問題にしんけんに取り組む。（真剣）
□④ 彼の話にだいばくしょうした。（大爆笑）
□⑤ 工場をへいさする。（閉鎖）

漢字を身につけよう①

教 38ページ

□① 決勝が明日にひかえている。（控）
□② おくびょうな子ども。（臆病）
□③ 困難をこくふくする。（克服）
□④ 厳しいたんれんに励《はげ》む。（鍛錬）
□⑤ くぶくりん予想通りだろう。（九分九厘）
□⑥ 短時間のきゅうけいを取る。（休憩）
□⑦ 新たな挑戦《ちょうせん》へふみ出す。（踏）
□⑧ ねんざで足首がはれる。（捻挫）
□⑨ 傷がちゆする。（治癒）
□⑩ 視力をきょうせいする。（矯正）
□⑪ 年末からしんせきが集まる。（親戚）
□⑫ 高速道路がじゅう滞《たい》する。（渋）
□⑬ 荒野をかいたくする。（開拓）
□⑭ 桜のなえぎを植える。（苗木）
□⑮ あいぞめの生地。（藍染）
□⑯ おにぎりをきんちゃくに入れる。（巾着）
□⑰ かいちゅう電灯で照らす。（懐中）
□⑱ 幼少期をかいこする。（回顧）
□⑲ 部屋のそうじをする。（掃除）
□⑳ へいこうして二競技をする。（並行）
□㉑ うつわに料理を盛る。（器）
□㉒ 美しいころもをまとった女性。（衣）
□㉓ 時間をついやし完成する。（費）
□㉔ ポケットにこぜにをしまう。（小銭）
□㉕ 紛争をちゅうさいする。（仲裁）

じゃんけんは、なぜグー・チョキ・パーの三種類なのか

教 40〜43ページ

□① 新しい方法をさぐる。（探）

人間は他の星に住むことができるのか

教 44〜49ページ

□① きせきを信じて待つ。（奇跡）

□② 資源にめぐまれた国。（恵）

□③ 土壌がおせんされる。（汚染）

□④ しょくりょうを貯蔵する。（食糧）

□⑤ ふんか警報が出る。（噴火）

□⑥ 山頂にとうたつする。（到達）

□⑦ ゆいいつの方法。（唯一）

□⑧ 三人しまいで遊ぶ。（姉妹）

□⑨ 痛みをやわらげる。（和）

□⑩ 良いえいきょうを受ける。（影響）

□⑪ 映画をさつえいする。（撮影）

□⑫ 砂がたいせきする。（堆積）

□⑬ 長雨でこうずいが心配される。（洪水）

□⑭ 極北のとうどの地。（凍土）

□⑮ 会場が人でうまる。（埋）

□⑯ 赤ちゃんが静かにねむる。（眠）

□⑰ 砂糖を湯にとかす。（溶）

□⑱ 思いを心にひめる。（秘）

漢字を身につけよう②

教 58ページ

□① 条件にがいとうする人物。（該当）

□② 新規取引をけいやくする。（契約）

□③ せんぷうきで涼む。（扇風機）

□④ けんやくを心がける。（倹約）

□⑤ 太陽はこうせいである。（恒星）

□⑥ かこくな状況《じょうきょう》から抜け出す。（苛酷）

□⑦ 海底がりゅうきする。（隆起）

□⑧ 公表には時期しょうそうだ。（尚早）

□⑨ 政権のちゅうすうにいる。（中枢）

□⑩ 検査のもうてんになる。（盲点）

□⑪ リストからさくじょする。（削除）

□⑫ 割引券をしんていする。（進呈）

□⑬ ほしゅが送球する。（捕手）

□⑭ 助けを求めてさけぶ。（叫）

□⑮ この農地はひよくだ。（肥沃）

□⑯ ほうれん草のおひたし。（浸）

□⑰ 生産がかじょうになる。（過剰）

□⑱ 腹が冷えてげりをする。（下痢）

間違えやすい漢字は□の色が赤いよ!

□⑲ かぜのしょうじょうが悪化する。（症状）
□⑳ むろまち幕府の将軍。（室町）
□㉑ さどうの稽古に通う。（茶道）
□㉒ 伝統芸能のそうけに生まれる。（宗家）
□㉓ くらに美術品を収める。（蔵）
□㉔ おごそかな式典。（厳）
□㉕ わらべうたが聞こえてくる。（童歌）
□㉖ じよう豊富な食物。（滋養）

短歌の世界

教 60～62ページ

□① 同級生にこいする。（恋）
□② 新聞のとうこうらんを読む。（投稿欄）
□③ めずらしい植物に花が咲く。（珍）
□④ 歯をみがく。（磨）
□⑤ まほうをかける。（魔法）
□⑥ 事態のじょうきょうを聞く。（状況）
□⑦ 雑巾をしぼる。（絞）
□⑧ 本をくり返し読む。（繰）
□⑨ みなさんにお話しします。（皆）

壁に残された伝言

教 76～83ページ

□① 天国とじごく。（地獄）
□② 戦争でひばくする。（被爆）
□③ ポスターがはがれ落ちる。（剝）
□④ 新しい電池にかえる。（替）
□⑤ 休暇は学生りょうないで過ごす。（寮内）
□⑥ 侵入のこんせきが残る。（痕跡）
□⑦ 考えがいっちする。（一致）
□⑧ ろうそくのほのお。（炎）
□⑨ 山火事で焼きはらわれる。（払）
□⑩ あめつゆをしのぐ。（雨露）
□⑪ ろうかを歩く。（廊下）
□⑫ りゅうさんの化合物。（硫酸）

漢字を身につけよう③

教 86ページ

□① 沖のはろうが高い。（波浪）
□② 辞任をかんこくする。（勧告）
□③ 重みで柱がわんきょくする。（湾曲）
□④ 馬が草原をしっそうする。（疾走）

□⑤ 委員長にすいせんする。（推薦）
□⑥ 英語のきそから学ぶ。（基礎）
□⑦ 人前に出るといしゅくする。（萎縮）
□⑧ はげましの手紙が届く。（励）
□⑨ そうだいな構想を抱く。（壮大）
□⑩ 功労によりじょくんする。（叙勲）
□⑪ クラスのめいぼを作る。（名簿）
□⑫ わいろを拒絶する。（賄賂）
□⑬ 祝福の言葉をおくる。（贈）
□⑭ かんかくをあけて座る。（間隔）
□⑮ トラックをちゅうしゃする。（駐車）
□⑯ 風かおる五月。（薫）
□⑰ そのせつな、母の姿に気がついた。（刹那）
□⑱ そぼくな疑問がわく。（素朴）
□⑲ どんぐりまなこがかわいい妹。（眼）
□⑳ 彼の秘密をばくろする。（暴露）
□㉑ 予期せぬわざわいが降りかかる。（災）
□㉒ 血液が流れる血管、じょうみゃく。（静脈）
□㉓ じび科のクリニックに行く。（耳鼻）
□㉔ パズルにやみつきになる。（病）

一〇〇年後の水を守る

教 88～93ページ

□① 体の中で血液がじゅんかんする。（循環）
□② 食パンをいっきん買う。（一斤）
□③ にわとりが卵を産む。（鶏）
□④ ぶたを飼育する。（豚）
□⑤ 果樹をさいばいする。（栽培）
□⑥ ぼうだいな費用がかかる。（膨大）
□⑦ きょだいなダムを建造する。（巨大）
□⑧ 泉の水がかれる。（枯）
□⑨ バケツいっぱいの水。（一杯）
□⑩ 不用品をはいきする。（廃棄）
□⑪ 畑のどじょうを改良する。（土壌）
□⑫ 現実をみすえる。（見据）

漢字を身につけよう④

教 104ページ

□① 歴史をさかのぼって検証する。（遡）
□② にせきのタンカーが入港する。（二隻）

間違えやすい漢字は□の色が赤いよ!

□③ 出港するせんぱくに手を振る。（ 船舶 ）
□④ 宮殿のろうかくに登る。（ 楼閣 ）
□⑤ 寺院のぶっとうを見上げる。（ 仏塔 ）
□⑥ ぼうせき業が盛んな町。（ 紡績 ）
□⑦ せんかを被った人々。（ 戦禍 ）
□⑧ 社長の予定をうかがう。（ 伺 ）
□⑨ 寄付を募り、いれいひを建てる。（ 慰霊碑 ）
□⑩ じゅんたくな物資が得られた。（ 潤沢 ）
□⑪ 鉱山のこうどうに入る。（ 坑道 ）
□⑫ 二学校ががっぺいする。（ 合併 ）
□⑬ 花屋のてんぽを借りる。（ 店舗 ）
□⑭ 古風ないしょうの工芸品。（ 意匠 ）
□⑮ 工夫をこらす。（ 凝 ）
□⑯ せいちな細工をほどこす。（ 精緻 ）
□⑰ とうじきの植木鉢《うえきばち》を買う。（ 陶磁器 ）
□⑱ かせんの護岸工事をする。（ 河川 ）
□⑲ さんかくすから海を眺める。（ 三角州 ）
□⑳ よいのみょうじょうが光る。（ 明星 ）
□㉑ 君の考えしだいで決まる。（ 次第 ）
□㉒ 近所のため池がひあがる。（ 干上 ）
□㉓ 古代のきかがくを研究する。（ 幾何学 ）
□㉔ 秋の野山がくれないに染まる。（ 紅 ）

枕草子・徒然草

教 106〜112ページ

□① むらさき色の花が咲く。（ 紫 ）
□② おもむきのある庭。（ 趣 ）
□③ 暗くなってほたるが飛ぶ。（ 蛍 ）
□④ 庭にしもが降りる。（ 霜 ）
□⑤ 出家してあまになる。（ 尼 ）
□⑥ 祖父の墓にもうでる。（ 詣 ）
□⑦ 不真面目な態度をいましめる。（ 戒 ）

平家物語

教 116〜127ページ

□① 教会のかねが鳴る。（ 鐘 ）
□② 盛者《じょうしゃ》ひっすいの運命。（ 必衰 ）
□③ かつてえいがを極めた家系。（ 栄華 ）
□④ 父の敵をうつ。（ 討 ）
□⑤ 敵軍のじんに攻め込む。（ 陣 ）

□⑥ 床にじゅうたんをしく。（ 敷 ）

□⑦ 武将がいくさをする。（ 戦 ）

□⑧ 折り紙でつるを折る。（ 鶴 ）

□⑨ 着物をぬう。（ 縫 ）

□⑩ 武士のいっき打ち。（ 一騎 ）

□⑪ 姉がうす化《げ》しょうをする。（ 薄／粧 ）

□⑫ びれいな容姿の女性。（ 美麗 ）

□⑬ 過去のできごとをくやむ。（ 悔 ）

□⑭ シャツのそでをまくる。（ 袖 ）

□⑮ 紙のふくろに入れる。（ 袋 ）

漢字のしくみ1　熟語の構成・熟字訓

教 138〜139ページ

□① らいめいと稲妻《いなずま》に驚く。（ 雷鳴 ）

□② おうとつのある壁。（ 凹凸 ）

□③ 結婚《けっこん》でけいちょう休暇を取る。（ 慶弔 ）

□④ ちょうこくを展示する。（ 彫刻 ）

□⑤ 姉がにんしんした。（ 妊娠 ）

□⑥ 飛行機にとうじょうする。（ 搭乗 ）

□⑦ 京都から東京にせんとする。（ 遷都 ）

□⑧ とくめいの投書が届く。（ 匿名 ）

□⑨ 保険のめんせきの説明を聞く。（ 免責 ）

□⑩ 友人のしっそうを知らされる。（ 失踪 ）

□⑪ 年齢のさしょうを指摘する。（ 詐称 ）

□⑫ すなはまで貝殻を拾う。（ 砂浜 ）

□⑬ しゅんそくのメンバーを集める。（ 俊足 ）

□⑭ よい香りがびこうをくすぐる。（ 鼻孔 ）

□⑮ 知人のあいじょうの良子さん。（ 愛嬢 ）

□⑯ 朝ごはんを食べる。（ 御飯 ）

□⑰ にちぼつの時間になる。（ 日没 ）

□⑱ 墓前でがっしょうする。（ 合掌 ）

□⑲ 新記録にちょうせんする。（ 挑戦 ）

□⑳ 事件のがいかんを理解する。（ 概観 ）

□㉑ 過《あやま》ちにかいこんの情を抱く。（ 悔恨 ）

□㉒ 父と兄にはかっとうがある。（ 葛藤 ）

□㉓ ちかくは地球の中心部である。（ 地核 ）

漢字を身につけよう⑤

教 140ページ

□① しゅくぼは「おば」の音読み。（ 叔母 ）

間違えやすい漢字は□の色が赤いよ!

□② かいきょうを船が航行する。（海峡）

□③ 救命どういを着ける。（胴衣）

□④ それはけんめいな判断だ。（賢明）

□⑤ 工事が順調にしんちょくする。（進捗）

□⑥ 亡き恩師のめいふくを祈る。（冥福）

□⑦ しゅっかんに立ち合う。（出棺）

□⑧ 村のろうおうが昔話をする。（老翁）

□⑨ 寂れた町にあいしゅうが漂《ただよ》う。（哀愁）

□⑩ けんそんして自慢はしない。（謙遜）

□⑪ 当事者そうほうから話を聞く。（双方）

□⑫ 両国の戦力がはくちゅうする。（伯仲）

□⑬ 合格のきっぽうを待つ。（吉報）

□⑭ ぶんだんの作家に会う。（文壇）

□⑮ ろうばしんながら助言する。（老婆心）

□⑯ 彼はテニス部のこうはいだ。（後輩）

□⑰ 演劇でさむらいを演じる。（侍）

□⑱ いっぺんに片付く。（一遍）

□⑲ 送りがなを間違える。（仮名）

□⑳ しゃみせんの糸を張る。（三味線）

□㉑ 晴れ着に合うたびを買う。（足袋）

□㉒ ぞうりをはいて歩く。（草履）

□㉓ 殿様からたちを拝領する。（太刀）

□㉔ しないを持って試合に臨む。（竹刀）

□㉕ 力士とすもうを取る。（相撲）

□㉖ 母の優しいえがお。（笑顔）

□㉗ 今年はつゆが長い。（梅雨）

□㉘ 朝からさみだれが降る。（五月雨）

□㉙ さわやかなさつき晴れ。（五月）

□㉚ しぐれの降る初冬の夕暮れ。（時雨）

□㉛ かぜをこじらせる。（風邪）

□㉜ 花見にはよいひよりだ。（日和）

□㉝ ここちよい木陰で休む。（心地）

□㉞ 旅のみやげをもらう。（土産）

自立とは「依存先を増やすこと」

教 146〜149ページ

□① くるまいすが必要になる。（車椅子）

□② ににんさんきゃくをする。（二人三脚）

漢字を身につけよう⑥

教 154ページ

□① 未知の森をたんさくする。（探索）
□② 番犬にいかくされる。（威嚇）
□③ しゅうちしんを覚える。（羞恥心）
□④ かんような対応に感謝する。（寛容）
□⑤ 故郷でらくのうをする。（酪農）
□⑥ かまで麦を収穫する。（鎌）
□⑦ 稲《いね》がほを垂れる。（穂）
□⑧ 麦をかり取る。（刈）
□⑨ かまめしを作る。（釜飯）
□⑩ キュウリのすの物を食べる。（酢）
□⑪ シチューをにこむ。（煮込）
□⑫ きゅうしが痛む。（臼歯）
□⑬ 重箱におはぎをつめる。（詰）
□⑭ ボトルに水をじゅうてんする。（充塡）
□⑮ けつまく炎で目が赤くなる。（結膜）
□⑯ 擦《す》り傷でひふが痛い。（皮膚）
□⑰ 医師にしょほうせんをもらう。（処方箋）
□⑱ かいぼう学を学ぶ。（解剖）
□⑲ 事故でせきついを傷める。（脊椎）
□⑳ きゅうどうの矢を用意する。（弓道）
□㉑ 下級生におくれをとる。（後）
□㉒ 家元のでしになる。（弟子）
□㉓ 命をさずかる。（授）
□㉔ ほどなく帰るでしょう。（程）
□㉕ 離れわざをしてみせる。（業）
□㉖ そうなることもありうる。（得）

小さな手袋

教 162～171ページ

□① 植物がはんもする。（繁茂）
□② 伝説のようせいの住む森。（妖精）
□③ こがらな女性と歩く。（小柄）
□④ ひざを曲げる。（膝）
□⑤ てさげかばんを持つ。（手提）
□⑥ 青いひとみの少女。（瞳）
□⑦ 私のむすめは四歳です。（娘）
□⑧ くろくつを買う。（黒靴）

□⑨ 恐ろしさにふるえあがる。（震）
□⑩ ふし目がちに笑う。（伏）
□⑪ 父がばんしゃくをする。（晩酌）
□⑫ アパートがさんとう建ち並ぶ。（三棟）
□⑬ しんりょうじょへ向かう。（診療所）
□⑭ しょうにかへ連れていく。（小児科）
□⑮ しょうげかのある病院。（小外科）
□⑯ 文章のまつびに書き添える。（末尾）
□⑰ カナダにたいりゅうしている。（滞留）
□⑱ 花の香りがただよう。（漂）
□⑲ 安否をあやぶむ。（危）
□⑳ 心臓のほっさで倒れる。（発作）
□㉑ 盛大なぎしきに立ち会う。（儀式）
□㉒ 大事件にしょうげきを受ける。（衝撃）
□㉓ 病院のやくざいしつ。（薬剤室）
□㉔ 出費をおさえる。（抑）
□㉕ 定期テストのはんい。（範囲）
□㉖ ガスがもれ出る。（漏）
□㉗ 西の空に金星がかがやく。（輝）

漢字を身につけよう⑦

教 180ページ

□① 耳鼻いんこうの専門医。（咽喉）
□② 手術でま酔《すい》をかける。（麻）
□③ 皇帝《こうてい》にえっけんする。（謁見）
□④ 国王にきょうじゅんする。（恭順）
□⑤ 彼は賞品にごまんえつだ。（満悦）
□⑥ 仕事のほうしゅうを支払う。（報酬）
□⑦ 彼の昇進にしっとする。（嫉妬）
□⑧ げんしゅくな態度で臨む。（厳粛）
□⑨ 研究にしんしに取り組む。（真摯）
□⑩ 美術品のせっとう事件。（窃盗）
□⑪ 裁判のばいしんいんになる。（陪審員）
□⑫ 二人でこんいん届に記入する。（婚姻）
□⑬ ひろうえんで祝辞を述べる。（披露宴）
□⑭ しんじゅの指輪を贈る。（真珠）
□⑮ 領収書で一を「いち」と書く。（壱）
□⑯ 二は「に」とも表記する。（弐）

□⑰ 大名のこくだかを調べる。（石高）

□⑱ せっかい岩を採掘する。（石灰）

□⑲ たんものから仕立てを頼む。（反物）

□⑳ 日用品をあきなう店。（商）

□㉑ けいひん工業地帯にある工場。（京浜）

□㉒ 蛍光灯のじゅみょうが尽きる。（寿命）

□㉓ 自由自在にあやつる。（操）

動物園でできること

教 182～189ページ

□① 老若《ろうにゃく》なんにょが参加する。（男女）

□② 公園をおとずれる。（訪）

□③ 広さは二万坪にもおよぶ。（及）

□④ 学んだことをじっせんする。（実践）

□⑤ 花に水をあたえる。（与）

□⑥ 牛などのかちくを飼う。（家畜）

□⑦ ダンスのいしょうを着る。（衣装）

□⑧ 左右のうでを伸ばす。（腕）

□⑨ 公共のしせつを使う。（施設）

□⑩ しこうさくごを繰り返す。（試行錯誤）

□⑪ ねずみがはんしょくする。（繁殖）

□⑫ 山でかりをする。（狩）

□⑬ 鹿はそうしょくじゅうである。（草食獣）

□⑭ げんそうてきな絵画を飾る。（幻想的）

□⑮ ほこらしい気持ちになる。（誇）

□⑯ がけから飛び降りる。（崖）

□⑰ 馬がさくを飛び越える。（柵）

漢字のしくみ2 熟語の読み

教 193ページ

□① しゅいろの鳥居をくぐる。（朱色）

□② もちゅうはがきを送る。（喪中）

□③ 野球選手のねんぽう。（年俸）

□④ 黒と白のごいし。（碁石）

□⑤ のきさきで雨宿りする。（軒先）

□⑥ 船がさんばしに着く。（桟橋）

□⑦ 予算のわくないにおさめる。（枠内）

漢字を身につけよう⑧

教 198ページ

□① しへいの枚数を数える。（紙幣）

□② だせいで続けているだけだ。（惰性）

間違えやすい漢字は□の色が赤いよ!

□③ ざんしんな案を提示する。（斬新）
□④ この著者の最高けっさくだ。（傑作）
□⑤ あいまいな答え方をする。（曖昧）
□⑥ いちまつの不安が残る。（一抹）
□⑦ まさつで熱を発する。（摩擦）
□⑧ 急な変革でへいがいが生じる。（弊害）
□⑨ 知事の失政をだんがいする。（弾劾）
□⑩ 大臣をこうてつする。（更迭）
□⑪ 見知らぬ人からぶじょくを受ける。（侮辱）
□⑫ 失礼な態度にふんがいする。（憤慨）
□⑬ 会議がふんきゅうする。（紛糾）
□⑭ 議事録をえつらんする。（閲覧）
□⑮ ただし書きが付いている。（但）
□⑯ はんよう性の高い機種。（汎用）
□⑰ うじは家系のことである。（氏）
□⑱ 会費をすいとう帳につける。（出納）
□⑲ 親の恩にむくいたい。（報）
□⑳ ていさいを取り繕う。（体裁）
□㉑ けびょうをつかって欠席する。（仮病）
□㉒ ゆえあって秘密にした。（故）
□㉓ 会長をやめることにした。（辞）

走れメロス

教 200～215ページ

□① 邪知ぼうぎゃくの魔王を倒す。（暴虐）
□② びんかんに反応する。（敏感）
□③ はなむこが式場に向かう。（花婿）
□④ 美しいはなよめ。（花嫁）
□⑤ けいりが町を巡回《じゅんかい》する。（警吏）
□⑥ みけんにしわを寄せる。（眉間）
□⑦ ちょうしょうを浴びる。（嘲笑）
□⑧ 敵にいのちごいをする。（命乞）
□⑨ 夫を「ていしゅ」と呼ぶ。（亭主）
□⑩ 結婚式でしんろうが挨拶する。（新郎）
□⑪ 選手代表がせんせいする。（宣誓）
□⑫ 今《こ》よいの月は美しい。（宵）
□⑬ 酒によう。（酔）
□⑭ こぶしを握る。（拳）

□⑮ 川がはんらんする。（氾濫）

□⑯ 増水ではしげたが流される。（橋桁）

□⑰ さんぞくに襲われる。（山賊）

□⑱ 相手をなぐり倒す。（殴）

□⑲ まんまと敵をあざむく。（欺）

□⑳ 兄弟のみにくい争い。（醜）

□㉑ 脱衣所でぜんらたいになる。（全裸体）

□㉒ じょじょに速度を上げる。（徐々）

□㉓ 娘をほうようする。（抱擁）

□㉔ もうそうにふける。（妄想）

漢字を身につけよう⑨

教 219ページ

□① どんよくに知識を吸収する。（貪欲）

□② 目標達成までだきょうしない。（妥協）

□③ 会社経営にらつわんをふるう。（辣腕）

□④ 朝からへんずつうが続いている。（偏頭痛）

□⑤ 騒音《そうおん》になやまされる。（悩）

□⑥ 忙しすぎてぐちを漏らす。（愚痴）

□⑦ 趣味を優先し学業がたいまんになる。（怠慢）

□⑧ 空腹をしんぼうする。（辛抱）

□⑨ おにの面をつける。（鬼）

□⑩ 倒産でさいむを背負う。（債務）

□⑪ そぜいについて調べる。（租税）

□⑫ るいけい百万人が来場した。（累計）

□⑬ 家電製品をこうにゅうする。（購入）

□⑭ 国王のたいかん式を祝う。（戴冠）

□⑮ かんげん楽団の演奏会。（管弦）

□⑯ やかんの湯がふっとうする。（沸騰）

□⑰ 植物の色素をちゅうしゅつする。（抽出）

□⑱ このおじは父の弟です。（叔父）

□⑲ あのおじは母の兄です。（伯父）

□⑳ このおばは母の妹です。（叔母）

□㉑ あのおばは父の姉です。（伯母）

□㉒ 彼には三人のむすこがいる。（息子）

□㉓ 赤ちゃんをうば車に乗せる。（乳母）

□㉔ はたちの誕生日を祝う。（二十歳（二十））

□㉕ いくじがなくて弱音をはく。（意気地）

間違えやすい漢字は□の色が赤いよ!

□㉖ 春が来て心がうわつく。（浮つく）
□㉗ 清純なおとめに出会う。（乙女）
□㉘ 建て替えで借家をたちのく。（立ち退く）
□㉙ いなかから都会に出る。（田舎）
□㉚ でこぼこ道で転ぶ。（凸凹）
□㉛ じゃり道を舗装する。（砂利）
□㉜ もよりのバス停まで歩く。（最寄り）
□㉝ わこうどの未来は明るい。（若人）
□㉞ 別れになごりが尽きない。（名残）
□㉟ 幼なじみのゆくえを捜す。（行方）

中学1年生で学んだ漢字

□① 新しい技術をくしする。（駆使）
□② とつぜん、雨が降り出す。（突然）
□③ 海中にもぐる。（潜）
□④ 弱々しくびしょうする。（微笑）
□⑤ 新入部員をしょうかいする。（紹介）
□⑥ あえて危険をおかす。（冒）
□⑦ ふくしょくデザイナーになる。（服飾）
□⑧ 絵画の作品をおうぼする。（応募）
□⑨ 雑誌にけいさいされる。（掲載）
□⑩ 金賞をかくとくする。（獲得）
□⑪ ごいが豊富で話し上手だ。（語彙）
□⑫ 美しさに心をうばわれる。（奪）
□⑬ 岩のかたまりを砕《くだ》く。（塊）
□⑭ ばくぜんとした不安を感じる。（漠然）
□⑮ かんきょう問題を考える。（環境）
□⑯ 喉がかわく。（渇）
□⑰ じゅようと供給のバランス。（需要）
□⑱ あきるほど遊ぶ。（飽）
□⑲ うたひめと呼ばれている姉。（歌姫）
□⑳ つばを飛ばして議論する。（唾）
□㉑ 妹のむじゃきな表情。（無邪気）
□㉒ ひれつな手口を責める。（卑劣）
□㉓ みつばちの巣がある。（蜜蜂）
□㉔ めすのカブトムシ。（雌）
□㉕ まんるいホームランを打つ。（満塁）

□ ㉖ 友達がたんかで運ばれる。（担架）

□ ㉗ けんめいに救助する。（懸命）

□ ㉘ 室内がせいじゃくに包まれる。（静寂）

□ ㉙ かびんに水を入れる。（花瓶）

□ ㉚ 急な変更でどうようする。（動揺）

□ ㉛ 痛みがかんわされる。（緩和）

□ ㉜ いせいがよい青年。（威勢）

□ ㉝ 祖母はかその村に住んでいる。（過疎）

□ ㉞ 麦をしゅうかくする。（収穫）

□ ㉟ いだいな功績をのこす。（偉大）

□ ㊱ 職務をすいこうする。（遂行）

□ ㊲ うるしぬりの重箱。（漆塗）

□ ㊳ こんちゅう採集をする。（昆虫）

□ ㊴ えりを正して話を聞く。（襟）

□ ㊵ 情景をじょじゅつする。（叙述）

□ ㊶ きょぎの証言をする。（虚偽）

□ ㊷ 返済をさいそくする。（催促）

□ ㊸ 五科目をりしゅうする。（履修）

□ ㊹ 伯父がひしょちの別荘《べっそう》を買う。（避暑地）

□ ㊺ 小説をしっぴつする。（執筆）

□ ㊻ がんきょうに反対する。（頑強）

□ ㊼ 自分のとくちょうを挙げてみる。（特徴）

□ ㊽ あわただしい日々。（慌）

□ ㊾ 先生にあいさつする。（挨拶）

□ ㊿ 輸出入のきんこうを図る。（均衡）

□ (51) きょうふにおののく。（恐怖）

□ (52) けんちょな影響が見られる。（顕著）

□ (53) むだづかいをする。（無駄遣）

□ (54) じんじょうでない寒さに震える。（尋常）

□ (55) 説明がむじゅんしている。（矛盾）

□ (56) 主張をけんじする。（堅持）

□ (57) お客様をかんげいする。（歓迎）

□ (58) ぎたいごをノートに書き出す。（擬態語）

□ (59) 会場にぜひ来てください。（是非）

□ (60) ふくめんをした盗賊。（覆面）

□ (61) 栄養をせっしゅする。（摂取）

間違えやすい漢字は□の色が赤いよ!

□⑥② 祖父に似たふうぼうの老人。（ 風貌 ）

□⑥③ 町の発展にこうけんする。（ 貢献 ）

□⑥④ 大学のめいよ教授。（ 名誉 ）

□⑥⑤ 状況がきんぱくする。（ 緊迫 ）

□⑥⑥ 原因をぶんせきする。（ 分析 ）

□⑥⑦ 疲れてじゅくすいする。（ 熟睡 ）

□⑥⑧ 食物せんいの多い食材。（ 繊維 ）

□⑥⑨ 選手の士気をこぶする。（ 鼓舞 ）

□⑦⓪ 花道のけいこをする。（ 稽古 ）

□⑦① 現場からちくいち報告する。（ 逐一 ）

□⑦② 大国がはけんを争う。（ 覇権 ）

□⑦③ 会場に機材をはんにゅうする。（ 搬入 ）

□⑦④ 高くちょうやくする。（ 跳躍 ）

□⑦⑤ 彼の技術にはだつぼうする。（ 脱帽 ）

□⑦⑥ けいしゃの角度を測る。（ 傾斜 ）

□⑦⑦ サッカーボールをける。（ 蹴 ）

□⑦⑧ じあいに満ちた母の笑顔。（ 慈愛 ）

□⑦⑨ 上着がきゅうくつになる。（ 窮屈 ）

□⑧⓪ 時間にこうそくされる毎日だ。（ 拘束 ）

□⑧① じゅれい千年の杉の木。（ 樹齢 ）

□⑧② 提案をじゅだくする。（ 受諾 ）

□⑧③ 長いきょりを走る。（ 距離 ）

□⑧④ 心配で母の顔がくもる。（ 曇 ）

□⑧⑤ るり色の鳥を見つける。（ 瑠璃 ）

□⑧⑥ ふきゅうの作品を読む。（ 不朽 ）

□⑧⑦ 全治二週間のだぼく。（ 打撲 ）

□⑧⑧ 父がしょさいで仕事をする。（ 書斎 ）

□⑧⑨ ゆかいな仲間が集まる。（ 愉快 ）

□⑨⓪ 羽にはんてんのあるチョウ。（ 斑点 ）

□⑨① 戦争で街がはかいされる。（ 破壊 ）

□⑨② 事故の損害をほしょうする。（ 補償 ）

□⑨③ らいひんとして出席する。（ 来賓 ）

□⑨④ 人口がぜんげんしている。（ 漸減 ）

□⑨⑤ 敵にしゅうげきされる。（ 襲撃 ）

□⑨⑥ 故郷のみんようを歌う。（ 民謡 ）

□⑨⑦ ていねいな応対を心がける。（ 丁寧 ）